"El conflicto entre deontología y conciencia del abogado. Hacia un marco conceptual"

Carlos Martínez Herrer

Resumen

La deontología, los principios y deberes que afectan a una profesión, como cualquier código, no agotan las convicciones morales y religiosas de los profesionales, y pueden entrar en conflicto con la ética personal de los colegiados. Los abogados, en el desempeño de su actividad, en ocasiones, han de afrontar el dilema deontológico, cuando entran en colisión varios preceptos del código profesional y, también en ocasiones, el dilema moral, cuando entra en conflicto su ética privada con la moral profesional.

Más allá del dilema deontológico, el dilema moral del abogado se caracteriza por requerir la realización de dos o más acciones que, debido al solapamiento de la moral profesional y la moral individual, entran en conflicto. Esta eventual relación de conflicto, enmarcada en el contexto de la objeción de conciencia particular, requiere de reglas para su aplicación que, en nuestro contexto normativo, han sido positividas en las profesiones sanitarias, pero no en la profesión de abogado. Cómo, cuándo y en qué casos sería oponible la objeción de conciencia del abogado es el objeto de estudio del presente trabajo.

Índice general

"EL CONFLICTO ENTRE DEONTOLOGÍA Y CONCIENCIA DEL ABOGADO"

Introducción y objetivos

Introducción

Los estudios sobre la responsabilidad profesional de los juristas han dedicado, en España, y en general en los países de cultura católica, poca atención a reconciliar la ética jurídica y las convicciones religiosas o morales del abogado. Bien es cierto que los temas morales y religiosos parecen más propios del ámbito del derecho canónico, el cual ha trasladado la comparación de los principios éticos profesionales con las enseñanzas de los textos religiosos, la jerarquía eclesiástica, y los filósofos religiosos. Este trabajo es de tipo diferente. En el ordenamiento jurídico de nuestro Estado no son fuente de Derecho los textos religiosos ni eclesiásticos, ni autoridad jurídica la jerarquía eclesiástica, por tanto, la eventual relación de conflicto entre la ética profesional y la convicción religiosa y/o moral del profesional jurídico se ha de encuadrar en el contexto de la objeción de conciencia, un concepto recurrente que la ley y la jurisprudencia española ha tratado profusamente en los ámbitos militar, periodístico y sanitario, pero escasamente en el profesional jurídico[1].

Una de las dificultades para debatir de forma inteligente la relación entre la ética jurídica y las creencias religiosas y/o morales es la circularidad de las cuestiones más difíciles. En la medida en que las profundas creencias religiosas y/o morales de un abogado prohíben, o se oponen, a una conducta que los abogados suelen llevar a cabo, y están amparadas por su código deontológico, el abogado debe enfrentarse al conflicto.

Al abordar el conflicto, el abogado debe inevitablemente elegir entre seguir el precepto religioso y/o moral que le dicta su conciencia, por un lado, o la exigencia de la deontología jurídica, por otro. En cierto sentido, no hay mucho más que decir sobre la cuestión. El abogado simplemente debe "callar o callarse".

Sin embargo, se podrían obtener algunas ideas sobre este conflicto entre la convicción religiosa y/o moral y los requisitos legales observando el principal ámbito del Derecho en el que se pone de manifiesto un conflicto similar; a saber, el ámbito de la objeción de conciencia.

---

[1] Esta afirmación es cierta en lo que se refiere a los ámbitos jurídicos de ascendencia continental europea, pero no en el área jurídica de la Common Law, por la relevancia que tiene la jurisprudencia como fuente del Derecho en los sistemas jurídicos arraigados en la tradición anglosajona. De hecho, el concepto de objeción de conciencia surge en la Ley de Vacunación inglesa de 1898. En los estudios y la jurisprudencia de la Common Law existen abundantes casos de objeción de conciencia del profesional jurídico y, por ende, de modo indirecto, la jurisprudencia es una vía de entrada del derecho religioso como fuente del derecho del Estado. Videre Muise, 1996.

Al igual que los abogados, los objetores de conciencia al servicio militar han tenido que conciliar sus creencias profundamente arraigadas -que los tribunales han equiparado a creencias religiosas- con normas legales que, de otro modo, serían obligatorias. Este trabajo examina esos casos y extrae algunas conclusiones sobre cuándo puede ser legítimo que los abogados desafíen los mandatos deontológicos de la profesión para mantenerse fieles a las creencias fundamentales, de tipo religioso y/o moral que rigen sus vidas. Y lo que quizá sea más importante, el trabajo examina cómo los abogados deben poner en práctica su desafío. *"Professional identity cannot cancel out or displace the primordial moral agency that we all share simply by virtue of being human"* (Luban, 2008, p.1443)[2].

Objetivos

Objetivo general

1- Abordar un marco conceptual de eventuales casos de conflicto entre conciencia y deontología profesional en el abogado.

Objetivos específicos

1- Analizar el derecho a la objeción de conciencia en el sistema legal español.
2- Examinar los códigos deontológicos y, en especial, las normas deontológicas de la profesión de abogado, en el sistema legal español.
3- Señalar posibles discrepancias entre las convicciones morales y/o religiosas del abogado y los códigos deontológicos.
4- Indicar las consecuencias jurídicas de la eventual objeción de conciencia del abogado, y posibles soluciones a los casos de conflicto.

Metodología

Para la confección del presente trabajo se ha utilizado una metodología de investigación jurídica descriptiva. Para promover un diagnóstico sobre fenómenos y comunidades, hemos de recurrir a la observación y análisis de los datos que nos aporta la realidad. Todo trabajo académico requiere de análisis bibliográfico de la última literatura científica existente en la materia que se estudia, y todo trabajo académico en las ciencias jurídicas requiere de un análisis de la legislación, doctrina y jurisprudencia. El presente trabajo combina los tesauros de conciencia, libertad religiosa, abogado y códigos deontológicos, remontándose a la

---

[2] La identidad profesional [del abogado] no puede anular ni desplazar la agencia (capacidad, responsabilidad) moral primordial que todos compartimos por el mero hecho de ser humanos.

decantación histórica y jurisprudencial del concepto de objeción de conciencia después de la Segunda Guerra Mundial y, en el caso español, en el período preconstitucional. La interesante monografía del profesor de la UIB, Joan Oliver, publicada en 1993, es sin duda, la obra de referencia sobre el estudio de la objeción de conciencia al servicio militar, como primer subtipo generalizado de objeción de conciencia, entre las monografías de Peláez Albendea (1988), Millán Garrido (1990) y Camarasa Carrillo (1993).

La moral profesional del abogado ha sido visitada diacrónicamente. En España es clásica *Deontología jurídica o Moral profesional del abogado*, de José Salsmans, cuay edición original se publicó en Francia, bajo el título de Droit et morale, y que fue publicada por el Mensajero del Corazón de Jesús, en 1947. En Valencia, de donde procedo, el Colegio de Abogados publicó en 1948 el opúsculo *Puntos fundamentales para la redacción del Código de Ética profesional en la abogacía*, del a la sazón vicepresidente del Consejo General de la Abogacía, Emilio Laguna. Anteriormente, El ministro de Fomento Ángel Ossorio y Gallardo ya había ahondado en el tema en un artículo de 1920 ("El alma de la toga") que ensancharía en 1922 hasta convertirlo en un libro. Los juristas católicos en España tuvieron como referencia moral, en la última década del gobierno de la Dictadura, el *Regalo al abogado. Para cumplirla. Pío XII a los hombres de leyes* (1961), de Salvador Blanco Piñán. El nuevo Estatuto General de la Abogacía (2021) y el Código Deontológico de la Abogacía, aprobado en 2019 por el Consejo General de la Abogacía Española, demuestran que la denominada "moral de rol" sigue evoluacionando, y requiere que se analicen también las últimas aportaciones al tesauro de la moral profesional. Las relaciones entre Estatuto y Código Deontológico han sido estudiadas por Escribano Molina en 2021; Palomar Olmeda tiene dos monografías sobre el Código Deontológico de la Abogacía, en 2020 y 2021; Menéndez y Torres afrontan los desafíos deontológicos del ejercicio de la profesión (2019). La ética del jurista ha sido abordada por Bueno Ochoa (2021) y García-Cuevas (2022), quien analiza el mismo año la ética pública de diferentes profesiones. La nueva configuración del secreto profesional ha sido abordada por Andino López (2014 y 2021), Carmen Morón (2021) y Lorena Bachmaier (2022). La autorregulación de la abogacía, desde una perspectiva crítica, se aborda por Del Canto González (2020). Fernández León (2022) presenta estrategias de actuación profesional en caso de conflicto de conciencia.

En la era de Internet, los repertorios legislativos y jurisprudenciales se manejan en bases de datos indexadas. Los tesauros de conciencia, libertad religiosa, abogado y deontología arrojan una abundantísima legislación y jurisprudencia en todos los niveles y órdenes jurisdiccionales. La UNED pone a disposición de sus investigadores y alumnos las bases de datos de Thomson Reuters-Aranzadi, Vlex y Tirant lo Blanch, útiles por los comentarios doctrinales que se incluyen a las normas jurídicas. Son bases de datos públicas los repertorios legales del Boletín Oficial del Estado (www.boe.es); el repertorio de de jurisprudencia constitucional más completo, es sin duda, el del propio Tribunal Constitucional, disponible en su página web, www.tribunalconstitucional.es. La jurisprudencia del Tribunal Supremo (según indica el artículo 3 del Código civil, la jurisprudencia complementa el ordenamiento jurídico. En sentido estricto, solo tiene este carácter la doctrina reiterada plasmada en las sentencias del Tribunal Supremo), y también las resoluciones más relevantes de órganos inferiores, se pueden consultar en el Centro de Documentación Judicial, que el Consejo General del Poder Judicial dispone en su página web, www.poderjudicial.es.

Asimismo, se ha partido de una revisión de la literatura existente, en lengua inglesa, a través de búsquedas sistemáticas en las bases de datos científicas más relevantes de las ciencias jurídica y moral (Scopus, web of Science, ProQuest, PsycInfo, ISOC, ASSIA e IBSS), con las expresiones "ethical decision making" y "lawyer ethics" en el rango temporal 2000-2023.

No siendo estrictamente una fuente académica, el día a día de la profesión se puede conocer a través de los blogs de abogados, despachos colectivos e instituciones. Las entradas, comentarios y artículos que los profesionales publican en sus páginas web nos ayudan a realizar la necesaria conexión entre la teoría y la práctica, entre la doctrina, la norma y el operador jurídico, quien, a través de los casos concretos, aporta una suerte de método inductivo, del que inferir posibles soluciones a la cuestión que nos planteábamos de inicio, los casos de conflicto entre la ética individual y la moral profesional. La objeción de conciencia del abogado se plantea en blogs como www.diariojuridico.com, www.noticiasjuridicas.com, www.economistjuris.es, y otros más institucionales, como el del Consejo General de la Abogacía Española, www.abogacia.es

Manuales de Deontología Jurídica existen muchos en el mercado. En mi modesta opinión, sobre los consultados, los más relevantes serían los de los profesores Vila Ramos, en Dykinson; Gómez Pérez, en EUNSA; De la Torre, en la Universidad de Comillas; y Menéndez y Torres, en Aranzadi. Casos prácticos de deontología aplicada tenemos en las obras de Vázquez Guerrero, De la Torre Díaz, Ayllón Santiago, e innumerables blogs.

La cláusula de conciencia ha sido estudiada por la Filosofía del Derecho y el Derecho Eclesiástico del Estado. Regulada constitucionalmente en el artículo 16 de la Constitución Española, en el mismo sentido del artículo 18 de la Declaración Universal de los Derechos Humanos, e ínsita a la libertad ideológica, religiosa y de culto, son muchos los autores que transitan, desde sus creencias personales, y cátedras universitarias, a la defensa doctrinal de la objeción de conciencia; entre ellos, el más prolífico sea el catedrático de Derecho Eclesiástico del Estado Miguel Rodríguez, quien es autor del Código de Libertad Religiosa, publicado por el BOE, y disponible en https://www.boe.es/biblioteca_juridica/codigos/codigo.php?id=104_Codigo_de_Libertad_Religiosa&modo=2

En España existen catorce universidades católicas y de identidad cristiana, cuyas Facultades de Derecho son activas en la producción de literatura científica y divulgativa en defensa de la salvaguarda de conciencia, y a la que se puede acceder en sus repositorios institucionales[3]. En el ámbito internacional, la Universidad de Georgetown, de la Compañía de Jesús, tiene un Departamento de Filosofía del Derecho en el que brilla David Luban, y sus trabajos de *Legal Ethics*. Es en este ámbito de *Legal Ethics* donde los norteamericanos han desarrollado toda una disciplina basada en *case studies,* cuya metodología se ha seguido para la estructuración de los contenidos. La metodología de estudio de casos, inductiva, muy adecuada para el sistema jurisprudencial de la Common Law, consiste en proporcionar una serie de casos que representan situaciones problemáticas diversas de la vida profesional del abogado para que se estudien, conceptualicen y se generen posibles soluciones, cohonestando la moral profesional y la ética privada. Los teóricos (y prácticos) en *Legal* Ethics trasvasaron la metodología al mundo de la Filosofía del Derecho, que había iniciado el psicólogo Lawrence Kohlberg, el padre de la teoría del desarrollo moral. Kohlberg, a partir de los años 60 del siglo pasado, básicamente presentaba a la gente "dilemas morales", es decir, casos *(case studies)* conflictivos de decisión, y clasificaba las respuestas que obtenía. Mediante este procedimiento llegó a describir seis etapas que corresponden a tres niveles distintos de razonamiento y convicción moral. La psicometría de la convicción moral será una de las posibles soluciones para la asunción de la hipótesis, el ejercicio ético individual por encima de la moral deontológica. Además de David Luban, se incluyen directa o indirectamente en las referencias bibliográficas, las aportaciones de Stepehen Gillers, Thomas Schaffer, Bradley Wendell, T. M. Jones, Robert Muise, Stephen Peppe, Monroe H. Freedman y Smith Abbe.

A efectos descriptivos, se combinan en el trabajo las anotaciones y citas a pie de página, cuando sean temas de explicación o profundización de la idea expresada en los distintos epígrafes, junto con citas en el *textus corporis*, cuando a juicio del autor son explicativas de ideas principales.

En el Código UNESCO, de nomenclatura para los campos de las ciencias y las tecnologías, para repositorios y bibliotecas, se consultaron las materias 7102 (ética de los individuos) y 7103 (ética de los grupos), habida cuenta de que la hipótesis inicial era el eventual conflicto entre ética individual y moral de rol, en el abogado.

Para las citas doctrinales, se menciona el apellido del autor, junto con el año de la publicación. Cuando estas son exactas, se incluye asimismo el número de página. Con independencia del sistema de citación, la finalidad de las citas es posibilitar que el lector pueda comprobarlas, y tanto el nombre completo del autor como el de la obra citada, y la

---

[3] Como ejemplo, el profesor Sánchez Barroso, de la Universidad Católica de Valencia, publica en abril de 2023, una crítica jurídica la STC, de 22/03/2023, que avala la constitucionalidad de la Ley Orgánica 3/21, de 24 de marzo, reguladora de la eutanasia. *"[La sentencia avala] la negación del derecho fundamental a la objeción de conciencia (...) la magistrada Asunción Balaguer (...) llama a reconstruir la Constitución para eliminar los sesgos morales, éticos y esencialmente religiosos con los que asocia su contenido".* (Sánchez, 2023, p. 25)

editorial, y revista, en caso de artículos, quedan referenciados en el apartado de la bibliografía. Este es el sistema que siguen las universidades de Harvard, Chicago y la Asociación Americana de Psiquiatría (APA), principales guías de citación en el Área de las Ciencias Sociales.

Las referencias jurisprudenciales y legales, al final del texto, se han ordenado cronológicamente, con independencia de su procedencia y jerarquía. En el caso de la legislación, cuando ésta está derogada, se indica expresamente. Cuando la búsqueda se ha realizado en Internet, se da noticia de la página electrónica o boletín oficial donde se puede encontrar el texto, siendo la más usual la página web del Boletín Oficial del Estado. En el caso de la jurisprudencia, en ocasiones son citas indirectas de la doctrina científica, y en otras ocasiones son citas directas que se pueden encontrar en páginas oficiales de uso público y gratuito, siendo las más usuales las páginas del Consejo General del Poder Judicial (CENDOJ) y del Tribunal Constitucional. Aquellas resoluciones judiciales que no se han publicado en el B.O.E., llevan el identificador europeo de jurisprudencia (ECLI) o el identificador nacional del CENDOJ (ROJ).

Estructura

1. La objeción de conciencia

1.1. La objeción de conciencia. Breve recorrido histórico

El derecho a la objeción de conciencia, es decir, el derecho del ciudadano de contradecir a la norma jurídica y oponerse a la observancia de algunos deberes jurídicos, incluso constitucionales, cuando ello presuma una conducta inadmisible para su conciencia religiosa o moral, no es un derecho universal a la desobediencia, ni una suerte de desobediencia civil, análoga a otros modos de activismo político, sino un derecho restringido a supuestos excepcionales muy concretos: en primer lugar, los casos de objeción de conciencia legalmente admitidos de modo manifiesto, como en la propia Constitución la objeción al servicio militar, del artículo 30.2[4], que, habida la supresión del servicio, recuperaría su eficacia en caso de movilización para la guerra, o la cláusula de conciencia de los profesionales de la información, en el artículo 20.1 d)[5], o la objeción de conciencia a la interrupción voluntaria del embarazo para el personal sanitario, regulada en el artículo

---

[4] 30.2. *"La ley fijará las obligaciones militares de los españoles y regulará, con las debidas garantías, la objeción de conciencia, así como las demás causas de exención del servicio militar obligatorio, pudiendo imponer, en su caso, una prestación social sustitutoria".*

[5] 20.1. *"Se reconocen y protegen los derechos:*

   d) A comunicar o recibir libremente información veraz por cualquier medio de difusión. La ley regulará el derecho a la cláusula de conciencia y al secreto profesional en el ejercicio de estas libertades".

19.2 LO 2/2010, de 3 de marzo[6]. El derecho de libertad de conciencia, garantizado como derecho fundamental por el artículo 16.1 de la Constitución Española, de la "libertad ideológica, religiosa y de culto", que abarca también las "creencias", y sus corolarios, según el artículo 16.2, como la "actuación en conciencia", las causas de justificación, los límites al ejercicio del derecho, la exclusión parcial de la culpabilidad, la exclusión parcial de la antijuridicidad, la exculpación por motivos de conciencia, etc., operan a su vez, dentro de los límites del propio artículo 16.1 de la CE, o sea la limitación *necesaria para el mantenimiento del orden público protegido por la ley*", y los de la colisión con otros derechos o intereses constitucionales preponderantes. La opinión doctrinal mayoritaria[7] admite, más allá de los supuestos legalmente permitidos de modo expreso, la objeción de conciencia, cuando no se vulneran otros intereses preponderantes. Cabría examinar la admisibilidad de objeciones de conciencia que supusieran el incumplimiento de preceptos imperativos y sus correlativas obligaciones, es decir, las omisiones propias (como, v. gr., la objeción de conciencia de médicos, farmacéuticos y sanitarios, no a realizar una interrupción voluntaria del embarazo sino a facilitarlo, como ha sido recogido en la STSJ Andalucía, Sala Contencioso Administrativo, de 27 de marzo de 2013; la STS, Sala 3.ª, 2505/2005, de 23 de abril , y las SSTC 53/1985, de 11 de abril, y 161/1987, de 27 de octubre). No es plausible plantear un derecho de objeción de conciencia para justificar la insumisión al derecho o transgredir prohibiciones de actuar lastimando o poniendo en riesgo bienes jurídicos, pero ¿se puede plantear la objeción de conciencia contra la propia deontología profesional?

La objeción de conciencia surge históricamente como defensa del derecho a la vida, frente al poder del Estado de movilizar militarmente a sus ciudadanos. Antes de la Constitución Española, a raíz del Real Decreto 3011/1976, de 23 de diciembre, sobre la objeción de conciencia de carácter religioso al servicio militar, la voluntad del primer Gobierno tras la muerte del Dictador, el Gobierno de Arias Navarro, era arbitrar, progresivamente, una fórmula que permitiera solucionar la cuestión que se planteaba con

---

[6] Recientemente añadido por el art. único.18 de la Ley Orgánica 1/2023, de 28 de febrero, el artículo 19 bis vigente queda como sigue: *"Las personas profesionales sanitarias directamente implicadas en la práctica de la interrupción voluntaria del embarazo podrán ejercer la objeción de conciencia"*.

[7] Solo por considerar la más reciente, Leyra Curiá (2021), Tomás-Valiente (2021), Martí Sánchez y García Pardo (2019). En el ámbito anglosajón se predica el "acomodamiento razonable". *La doctrina del acomodamiento razonable como instrumento de resolución de conflictos. Desde esta perspectiva, en el Derecho norteamericano y canadiense, la ponderación de intereses implica la aplicación de un juicio de proporcionalidad o balancing test entre las obligaciones derivadas del cumplimiento de leyes neutrales de carácter general y las creencias y prácticas religiosas de los ciudadanos que se ven afectadas por dichas normas. En la práctica, por tanto, la solución resultará de la aplicación de la doctrina del acomodamiento razonable destinada a evitar discriminaciones por motivos religiosos o de otra índole"* (García-Antón, 2020, p. 215). El concepto de "acomodamiento razonable" fue introducido en la doctrina por Maclure y Taylor en 2010 (2011, en la bibliografía de consulta), y se define como *"la conveniencia de que el Estado, en determinadas circunstancias, contemple una excepción a la norma general por motivos de conciencia"* (Tarodo Soria, 2015, p. 99).

los mozos que, por objeciones de conciencia de carácter religioso, y muchos de ellos eclesiásticos, se mostraban refractarios al empleo de las armas, y permitirles conciliar tales convicciones con sus compromisos ciudadanos[8]. Ya podemos extraer tres consecuencias de esta norma histórica: la objeción de conciencia, como derecho positivo, es internacional; la objeción de conciencia, en su origen, como derecho positivo, tiene un sustrato religioso y, finalmente, la objeción de conciencia, como derecho positivo, surge paralela a la negativa del empleo de las armas.

A final de la Segunda Guerra Mundial se crea la Organización de las Naciones Unidas, para la defensa de la paz y los derechos humanos, queriendo limitar el poder totalitario que ejercían los Estados sobre las personas, entendiendo la comunidad internacional que, garantizar el derecho a la vida y a las libertades del individuo que no atenten contra la misma vida y libertades de los demás, es la mejor garantía de la paz.

El artículo 18 de la Declaración Universal de los Derechos Humanos[9], proclamada por la Asamblea General de las Naciones Unidas en París, el 10 de diciembre de 1948, aparece como *"consecuencia de la invalidez de los Concordatos entre la Iglesia Católica y los diferentes Estados[10], así como por los fusilamientos de objetores de conciencia durante la Segunda Guerra Mundial que, solo en Alemania, llegaron a 32.000"*[11]

El Tribunal Penal Militar Internacional de Nuremberg, constituido al término de la Segunda Guerra Mundial para juzgar los crímenes de guerra, anuló las motivaciones de acatamiento de órdenes militares, precisando el deber de actuar "en conciencia" contra los mandatos que atentaren contra la vida de inocentes o supusieren una injusticia manifiesta[12]. La defensa activa y personal, por parte de los objetores, de la "conciencia" los llevó aún más lejos: a objetar, tanto a la guerra como a una paz hecha de explotación e injusticias. En el Estado español se dan los primeros casos de objeción de conciencia en el año 1958, cuando dos testigos de Jehová se niegan a vestir el uniforme militar, al llegar al cuartel. Su postura desconcierta a todos. Se les intenta convencer por todos los medios y, al ver que no

---

[8] El 28 de septiembre de 1976 España firmaba en la ONU el Instrumento de Ratificación de España del Pacto Internacional de Derechos Civiles y Políticos, hecho en Nueva York el 19 de diciembre de 1966, en cuyo artículo 8 se esbozaba *"el servicio nacional que deben prestar conforme a la ley quienes se opongan al servicio militar por razones de conciencia".*

[9] Artículo 18. *"Toda persona tiene derecho a la libertad de pensamiento, de conciencia y de religión; este derecho incluye la libertad de cambiar de religión o de creencia, así como la libertad de manifestar su religión o su creencia, individual y colectivamente, tanto en público como en privado, por la enseñanza, la práctica, el culto y la observancia".*

[10] Hebblethwaite, 1993, p. 118: *"Europa estaba entrando en un período en que estos acuerdos se consideraban simples trozos de papel".*

[11] Roca, 1977, p. 8. La referencia de "invalidez" hay que entenderla como "ineficacia" del instrumento jurídico para regular la objeción de conciencia por motivos religiosos. Videre Aguado (2011).

[12] Y cuyas sentencias se pueden consultar en el repositorio de la Universidad de Yale: https://avalon.law.yale.edu/subject_menus/imt.asp

ceden, se les procesa por el código de Juticia Militar. Pionero histórico en España, Jesús Martín Nohales, testimonia:

"El 4 de junio de 1958 me decretaron prisión preventiva por haberme negado a vestir el uniforme militar y a tomar parte en prácticas y adiestramientos militares. Se me procesó, acusado de 'insubordinación e indisciplina', y posteriormente me destinaron a Melilla. Recluido en el Fuerte Militar de Rostrogordo, el Consejo de Guerra Ordinario se reunió para ver y fallar la causa abierta contra mí por el "delito de sedición". El fallo fue de 15 años de reclusión militar por "un delito consumado de desobediencia", y cuatro años más de prisión militar por "sedición", que se sumaron a otros tres por mi negativa a someterme a todos los procedimientos de orden militar".

"Recuerdo como hoy —por no hablar de la brutal paliza que sufrí como consecuencia de mi negativa a vestir el uniforme militar—, los siete meses que pasé en una celda de castigo de cuatro metros cuadrados, junto al foso de aquella fortaleza, en la que entraba muy poca luz por un mísero ventanuco. Mis 'enseres domésticos' —ni siquiera tenía colchoneta, solo el suelo raso—, se limitaban a una lata de tamaño medio para mis necesidades. Más tarde fui trasladado al penal de alta seguridad de Ocaña".[13]

La Ley 48/1984, de 26 de diciembre, reguladora de la Objeción de Conciencia y de la Prestación Social Sustitutoria, supuso el primer desarrollo normativo en España de la "cláusula de conciencia". Sería ulteriormente desarrollada por el Ministerio de Justicia, en el Reglamento del Consejo Nacional de Objeción de Conciencia y del procedimiento para el reconocimiento de la condición de objetor de conciencia, aprobado por Real Decreto 551/1985, de 25 de abril. La Ley 22/1998, de 6 de julio, reguladora de la Objeción de Conciencia y de la Prestación Social Sustitutoria, derogaría la normativa anterior y, finalmente, la Ley 17/1999, de 18 de mayo, de Régimen de Personal de las Fuerzas Armadas, suprimiría la obligatoriedad del servicio militar en España hasta que la defensa del país así lo exigiere, perdiendo el tema de la objeción de conciencia, en el ámbito militar, todo el interés que llegó a tener en la sociedad española.

En el ámbito de las profesiones sanitarias, la cláusula de conciencia no se reconoce en la Ley de Ordenación de las Profesiones Sanitarias ni en el Estatuto Marco del personal sanitario. En cambio, las normas colegiales de los profesionales sanitarios sí recogen la objeción de conciencia, como un derecho, en los códigos deontológicos de las principales profesiones reguladas: farmacéuticos, médicos y enfermeros. Así ha sido recogido específicamente en el artículo 16 de la Ley Orgánica 3/2021, de 24 de marzo, de regulación de la eutanasia, para este supuesto concreto. También se reconocía expresamente el derecho a la objeción de conciencia del personal sanitario en el artículo 19 de la Ley Orgánica

---

[13] Véase *La objeción de conciencia al Servicio Militar*, Oliver Araujo, 1993, p.93.

2/2010, de 3 de marzo, de salud sexual y reproductiva y de la interrupción voluntaria del embarazo, recientemente modificada por la Ley Orgánica 1/2023, de 28 de febrero.

Contamos con abundante legislación autonómica, en el ámbito sanitario, que contempla el derecho a la objeción de conciencia. Han reconocido el derecho a la objeción de conciencia de los farmacéuticos en la dispensación de determinados productos cuatro leyes autonómicas[14], y siete comunidades autónomas han regulado la cláusula de conciencia en su legislación sobre voluntades anticipadas.

1.2. ¿Qué se requiere legalmente para actuar como objetor de conciencia?

Los códigos profesionales no incluyen una exención estatutaria para los abogados objetores de conciencia, a diferencia, como se ha visto, de otras corporaciones profesionales, como médicos, enfermeros y farmacéuticos. Históricamente, el derecho a la objeción de conciencia ya se reconoció positivamente, por la Administración, como "*derecho básico de los farmacéuticos colegiados en el ejercicio de su actividad profesional*" en el art. 8.5 de los estatutos del Colegio de Farmacéuticos de Sevilla[15], sancionados por Orden de 30 de diciembre de 2005, de la Consejería de Justicia y Administración Pública de la Junta de Andalucía, a cuyo tenor "*el colegiado al que se impidiese o perturbase el ejercicio de este derecho conforme a los postulados de la ética y deontología profesionales se le amparará por el Colegio ante las instancias correspondientes*"; de igual manera se reconoce, en la actualidad, en los arts. 46 y 47 del Código de Deontología de la profesión farmacéutica[16], aprobado por la Asamblea General de Colegios Oficiales de Farmacéuticos el 7 de marzo de 2018 , que "*la objeción de conciencia del farmacéutico es un derecho que ampara, en determinadas circunstancias, la negativa del mismo a someterse a una conducta jurídicamente exigida cuando ésta suponga violentar seriamente su conciencia por ser contraria a sus convicciones morales o éticas.*" (art. 46.1) y que "*el farmacéutico podrá comunicar su condición de objetor de conciencia a su Colegio a los efectos previstos en la normativa estatutaria, cuyo tratamiento por el Colegio ineludiblemente será absolutamente confidencial.*" (art. 47.3).

---

[14] Ley 5/2005, de 27 de junio, de Ordenación del Servicio Farmacéutico de Castilla-La Mancha; Ley 3/2019, de 2 de julio, de ordenación farmacéutica de Galicia; Ley 8/1998, de 16 de junio, de Ordenación Farmacéutica de la Comunidad Autónoma de La Rioja, y Ley 7/2001, de 19 de diciembre, de Ordenación Farmacéutica de Cantabria.

[15] Con anterioridad, en 1991, y editado por el Consejo General de Colegios Oficiales de Farmacéuticos, la Real Academia de Farmacia había elaborado un Código Deontológico que no fue incorporado al Derecho positivo.

[16] Videre: https://www.farmaceuticos.com/el-consejo-general/portal-transparencia/informacion-de-gestion-y-sobre-cumplimiento-normativo/deontologia/

Como ya se ha visto, la Carta Magna de 1978, aparte de la objeción al servicio militar (art. 30.2) y la cláusula de conciencia de los informadores[17], no contempla un derecho general e ilimitado a la objeción de conciencia. Sin embargo, existe en la doctrina un consenso general en considerar a la objeción de conciencia como un derecho ingénito a la persona.

La STC 160/1987, de 27 de octubre, precisó que es un derecho constitucional, aunque no fundamental, al mismo tiempo que admite su defensa, a semejanza de los derechos fundamentales, mediante recurso de amparo constitucional (art. 53.2 CE). La doctrina del Tribunal de Garantías ha reconocido especialmente el derecho a la objeción de conciencia de los profesionales sanitarios en la praxis médica, en sentencias sobre la interrupción voluntaria del embarazo, la reproducción asistida, y en la venta de medicamentos como la píldora del día después.

Si con carácter general, se puede definir la objeción de conciencia como "*el derecho a ser eximido del cumplimiento de los deberes constitucionales o legales por resultar ese cumplimiento contrario a las propias convicciones*" (STC 161/1987, de 27 de octubre), ¿existe el derecho a la objeción de conciencia en otras materias distintas a la prestación del servicio militar obligatorio, la libertad de conciencia del periodista y, para el profesional sanitario, en casos de interrupción voluntaria del embarazo, fecundación artificial, dispensa de medicamentos del día después y eutanasia?

1.3. ¿Actuar como objetor de conciencia es diferente de actuar de acuerdo con las creencias religiosas habituales?

En apariencia, actuar como objetor de conciencia equivale a actuar religiosamente[18]. Por definición, los principios éticos subyacentes que el Comité de Bioética de España[19] (2011) reconoce como base válida para la objeción de conciencia se elevan al nivel religioso:

---

[17] Desarrollada por la Ley Orgánica 2/1997, de 19 de junio, reguladora de la cláusula de conciencia de los profesionales de la información.

[18] El catecismo de la Iglesia Católica, en su número 1776, lo recoge así: "*En lo más profundo de su conciencia el hombre descubre una ley que él no se da a sí mismo, sino a la que debe obedecer y cuya voz resuena, cuando es necesario, en los oídos de su corazón, llamándole siempre a amar y a hacer el bien y a evitar el mal [...]. El hombre tiene una ley inscrita por Dios en su corazón [...]. La conciencia es el núcleo más secreto y el sagrario del hombre, en el que está solo con Dios, cuya voz resuena en lo más íntimo de ella*".

[19] El Comité de Bioética de España fue creado por la Ley 14/2007, de 3 de julio, de Investigación Biomédica (BOE 4 de julio) como un "*órgano colegiado, independiente y de carácter consultivo, que desarrollará sus funciones, con plena transparencia, sobre materias relacionadas con las implicaciones éticas y sociales de la Biomedicina y Ciencias de la Salud*". El Comité quedó constituido el 22 de octubre de 2008 y está adscrito al Ministerio de Sanidad.

"el concepto de objeción de conciencia incluye los siguientes elementos:

1) La existencia de una norma jurídica de obligado cumplimiento, cuyo contenido puede afectar a las creencias religiosas o morales de los individuos, y que no puede obviarse sin incurrir en sanción. Es necesario que el contenido de la norma jurídica sea tal que pueda resultar incompatible con las convicciones morales o religiosas de los individuos y no meramente contrario a ciertas opiniones o intereses personales de éstos.

2) La existencia de un dictado inequívoco de la conciencia individual opuesto al mandato jurídico, requisito sobre el que el ordenamiento jurídico puede requerir verificación.

3) La ausencia en el ordenamiento jurídico de normas que permitan resolver el conflicto entre una o varias normas y la conciencia individual o posibiliten alternativas
aceptables para el objetor.

4) La manifestación del propio sujeto del conflicto surgido entre la norma y su conciencia, sin que sea relevante la mera presunción sobre la existencia de conflicto. En consecuencia, son inválidas las manifestaciones que al respecto realicen terceras
personas en nombre de algún colectivo".

Yolanda Gómez Sánchez, catedrática de Derecho Constitucional en la UNED y miembro del Comité Internacional de Bioética de la UNESCO, y el magistrado del Tribunal Supremo José Antonio Martín Pallín, miembros del Comité de Bioética que aprobó el documento, avalan doctrinalmente esta equiparación. No obstante, una lectura justa de los casos sugiere que la imagen que tienen los tribunales del objetor de conciencia legítimo es diferente de la imagen que tiene la sociedad del ciudadano religioso típico. El enfoque habitual de la ley para tratar las idiosincrasias religiosas ha sido una visión de tolerancia. La Ley Orgánica 7/1980, de 5 de julio, de Libertad Religiosa, en su artículo 2.1, recoge que:

"La libertad religiosa y de culto garantizada por la Constitución comprende, con la consiguiente inmunidad de coacción, el derecho de toda persona a:
   a. Profesar las creencias religiosas que libremente elija o no profesar ninguna; cambiar de confesión o abandonar la que tenía; manifestar libremente sus propias creencias religiosas o la ausencia de las mismas, o abstenerse de declarar sobre ellas".

El artículo 3.1 recoge los límites de su ejercicio:

"El ejercicio de los derechos dimanantes de la libertad religiosa y de culto tiene como único límite la protección del derecho de los demás al ejercicio de sus libertades públicas y derechos fundamentales, así como la salvaguardia de la seguridad, de la salud y de la moralidad pública, elementos constitutivos del orden público protegido por la Ley en el ámbito de una sociedad democrática".

"EL CONFLICTO ENTRE DEONTOLOGÍA Y CONCIENCIA DEL ABOGADO"

Lo que este artículo apunta, para el abogado con fuertes convicciones religiosas, es la posibilidad de disponer, de manera excepcional, de los principios deontológicos. Pensemos, por ejemplo, en el secreto profesional, recogido en el artículo 5 del Código Deontológico de la Abogacía Española (2019). La revelación anónima de información confidencial normalmente refleja la falta de voluntad de un abogado para aceptar las consecuencias de desafiar los códigos profesionales. De la misma manera que un evasor del reclutamiento militar podía haber tenido una objeción "religiosa" sincera a participar en la guerra, el abogado-avisador anónimo puede estar actuando debido a una creencia "religiosa" sincera. La eventual incapacidad para afrontar las consecuencias de su conducta socavaría la sensación de que su creencia es tan profunda que impone su conducta, contraria, por ejemplo, al secreto profesional.

La opción de ocultar información a un cliente o evitar darle opciones adolece del mismo defecto. Para los objetores de conciencia al servicio militar, la existencia del servicio militar obligatorio dejaba claro que otros ciudadanos no estaban de acuerdo con la conducta del objetor. Ningún tribunal habría apoyado la insistencia de un objetor en que se suprimiera el servicio militar obligatorio basándose en sus creencias. Del mismo modo, la existencia de los códigos profesionales indica al abogado que la norma profesional le supone, en ocasiones, actuar de forma diferente a cómo actuaría, si no existiera un código deontológico. Aunque el abogado pueda tener alguna base moral para seguir su credo, no tiene derecho a imponerlo a los demás. Existen argumentos normativos a favor de la objeción anónima. Los legisladores -en este caso, los redactores de códigos profesionales- no pueden prever todas las situaciones que podrían implicar una norma jurídica concreta. No obstante, al establecer una norma profesional que no admite excepciones para casos imperativos, los legisladores adoptan el supuesto de que el peligro de que las excepciones se utilicen en exceso o se apliquen erróneamente supera los beneficios de lograr resultados moralmente más puros en casos individuales. La elección normativa no elimina la posibilidad, ni siquiera la probabilidad, de que en casos individuales la sociedad prefiera un resultado que difiera de la norma. Si un abogado en particular se considera mejor que otros abogados a la hora de hacer juicios morales, podría decirse que está justificado que desafíe las normas para lograr buenos resultados, manteniendo en secreto su desafío para que los abogados menos sensibles no se sientan tentados a hacer lo mismo.

Este análisis plantea dificultades. Los legisladores ya han determinado que no confían en los abogados en su conjunto para aplicar las excepciones por objeción de conciencia, es decir, no existe la objeción de conciencia "general". ¿Quién va a decidir que un abogado en particular es más hábil que otros para hacer distinciones válidas? Cada abogado creerá que posee esa cualificación.

Este problema se agrava por el hecho de que los abogados suelen tener incentivos personales para desafiar las normas. Hacerlo puede aliviarles la angustia psicológica y, en algunas situaciones, puede servir a sus intereses personales y financieros. En definitiva, estas realidades sugieren, o bien que se mantenga el criterio de los legisladores de rechazar las excepciones, o bien que los abogados que apliquen excepciones unilateralmente lo hagan de forma que el sistema pueda rectificar o responder a los resultados adversos.

Los casos de objeción de conciencia apoyan una mayor responsabilidad para los desafiantes de las normas por motivos morales, que para los ciudadanos generalmente religiosos, de una segunda manera. Tanto el Ministerio de Defensa como los tribunales tuvieron cuidado de rechazar las reclamaciones basadas en nociones generalizadas de lo que es una "buena conducta" de conciencia. En su lugar, exigieron que los objetores de conciencia identificaran un credo religioso específico equivalente a la prohibición de participar en el ejército[20]. Este requisito surgió de un deseo de separar al objetor de todos los demás reclutas, cada uno de los cuales sin duda tenía su propio sentido generalizado del bien y del mal que podría haber influido en su voluntad de unirse a una guerra en particular. Para mantener el funcionamiento del sistema, las autoridades necesitaban distinguir la exención del objetor de conciencia de un reconocimiento ilimitado de la autonomía de cada recluta para seguir sus valores personales. Como recoge la STC 321-1994:

"1. Como reiteradamente ha declarado este Tribunal, para que pueda apreciarse violación del principio de igualdad en la aplicación de ley es necesario que las resoluciones a comparar procedan del mismo órgano judicial (SSTC 126/1988, 132/1988, 260/1988, 146/1990, entre otras muchas), produciéndose respecto de la doctrina establecida un cambio no razonado ni razonable, o sea, arbitrario (SSTC 48/1987, 108/1988, 246/1993). Ninguno de estos requisitos ha sido mínimamente fundamentado por el recurrente, que se limita a aludir a resoluciones indeterminadas de órganos judiciales que no concreta, sin aportar término de comparación alguno que pueda servir de base para razonar -mediante la oportuna comparación- sobre la posible vulneración del principio constitucional invocado.

2. Como en varias ocasiones ha declarado este Tribunal (SSTC 15/1982, 101/1983, 160/1987, 1227/1988), el derecho a la libertad ideológica reconocido en el art. 16 C.E. no resulta suficiente para eximir a los ciudadanos por motivos de conciencia del cumplimiento de deberes legalmente establecidos, con el riesgo aparejado de relativizar los mandatos

---

[20] El Real Decreto 3011/1976, de 23 de diciembre, fundaba la objeción de conciencia, exclusivamente, en motivos religiosos. En su Preámbulo leemos:

"Dentro de este contexto y del marco del Pacto Internacional de los Derechos Civiles y Políticos firmados por España, es intención del Gobierno arbitrar, progresivamente, una fórmula que permita resolver el problema que se plantea con los mozos que, por objeciones de conciencia de carácter religioso, se muestran opuestos al empleo de las armas, permitiéndoseles compatibilizar tales convicciones con sus deberes ciudadanos.

Se les ofrece así una opción alternativa de brindar su aportación personal en determinados puestos de interés cívico, con lo que patentizarán su deseo de no eludir sus deberes ciudadanos y se evitará tengan que incurrir en actitudes delictivas".

legales. Por ello, el derecho a ser declarado exento del servicio militar no deviene directamente del ejercicio de la libertad ideológica, por más que se encuentre conectado con el mismo, sino tan sólo de que la Constitución en su art. 30.2 expresamente ha reconocido el derecho a la objeción de conciencia, referido únicamente al servicio militar y cuyo ejercicio supone el nacimiento del deber de cumplir la prestación social sustitutoria, sistema que permite al objetor cumplir los objetivos de la norma de servir a la comunidad salvaguardando sus íntimas convicciones (STC 160/1987). No puede, por tanto, el recurrente justificar su negativa al cumplimiento de la prestación social sustitutoria ni apelando a la libertad ideológica, ni mediante el ejercicio de la objeción de conciencia, derecho que la Constitución refiere única y exclusivamente al servicio militar".

La preocupación paralela para los eventuales abogados objetores de conciencia es que ellos también deben reconocer que forman parte de un sistema que no puede funcionar si cada abogado sigue nociones idiosincrásicas ilimitadas de lo que está bien y lo que está mal. El hecho de que el abogado considere que su juicio moral es mejor que el del cliente, por sí solo, no es suficiente para justificar la denegación de asistencia al cliente, incluso si ese juicio se puede disfrazar con términos religiosos.

En efecto, este análisis sugiere que un abogado objetor debe definir su credo de forma que le permita examinarse a sí mismo. Debe poner a prueba la validez (o la fuerza de control) de sus creencias en el marco global de las normas profesionales. En los casos de objeción de conciencia, el credo debe ser específico y regir la vida del objetor de forma funcional.

Así pues, los casos de objeción de conciencia proporcionan al menos dos lecciones. En primer lugar, como participante en el sistema jurídico, un abogado objetor debe considerar la posibilidad de apartarse de las normas jurídicas sólo cuando pueda señalar una creencia básica específica que controle su conducta o su comportamiento cotidiano en algo más que un sentido efímero. Una creencia profundamente arraigada de que no debe matar o mentir podría ser válida, mientras que la creencia de que debe "ser una buena persona" difícilmente le ayuda a distinguir la conducta apropiada de una manera mensurable. En general, el abogado no debe apartarse de los códigos basándose en un sentido generalizado de su capacidad moral superior.

En segundo lugar, los abogados objetores deben estar preparados para asumir las consecuencias de sus violaciones del código deontológico. Puede haber margen para que los órganos disciplinarios y judiciales tengan en cuenta el fundamento religioso de su desobediencia. Pero la desobediencia que pretende eludir la responsabilidad pone en duda la profundidad de la convicción del abogado y, razonablemente, puede contrarrestar la disposición de la sociedad a aceptar la conducta.

1.4. La independencia del abogado.

La principal cuestión que limita la existencia de la objeción de conciencia planteada es, sin duda, la independencia del abogado, la cual le permite formular la renuncia a la defensa encomendada (incluso en el turno de oficio, mediante la formulación de excusa, por causa justa, como se verá más adelante). La independencia es el primer "valor fundamental" en el ejercicio de la profesión (así aparece en el preámbulo) regulado por el Código Deontológico de 2019, en su artículo 2, por delante de otros "valores fundamentales", como la libertad, la dignidad, la integridad, el servicio, el secreto profesional, la transparencia y la colegialidad[21]. El preámbulo del Código Deontológico traslada así el asunto a la discusión doctrinal sobre los "valores jurídicos" y, como aparece en la cita del preámbulo, *"la libérrima decisión [para cesar en la defensa] que garantiza permanentemente la independencia"*.

La libertad en grado máximo[22] (libérrima decisión) parece no tener límites, por lo que los órganos judiciales debieren aceptar siempre la renuncia y, en consecuencia, no podrán sancionar al profesional de la Abogacía por el hecho de renunciar. Sin embargo, el artículo 2.4 del Código Deontológico introduce un límite expreso (la indefensión del cliente)[23]. ¿Es la eventual indefensión del cliente (el derecho de defensa del cliente) un límite a la indepencia del abogado y, por lo tanto, un "valor jurídico" de orden superior? A mayor abundamiento, la Ley Orgánica del Poder Judicial prevé que, si la renuncia se practica sin causa justificada, y con menos de siete días de antelación a la fecha de celebración de una vista o diligencia judicial, el profesional de la Abogacía podrá ser sancionado por estas causas, manteniéndose la eficacia de la renuncia[24]. La "causa justificada", ¿es otro límite a la independencia del abogado y, por lo tanto, otro "valor jurídico" de orden superior? ¿O es la puerta abierta para el ejercicio de la cláusula de conciencia del Abogado, el cual ha de justificar su renuncia a la defensa del cliente?

---

[21] *"La independencia de quien ejerce la abogacía resulta en un Estado de Derecho tan necesaria como la imparcialidad del juez* (p. 11)" (...) *"reconocimiento de su libertad para cesar en la defensa cuando no desee continuar en ella, libérrima decisión que garantiza permanentemente la independencia y que se corresponde con la que tiene el ciudadano para designar al abogado o abogada de su elección en cualquier momento"* (p. 14)

[22] "Plena libertad" del abogado, tal y como aparece en los artículos 47 y 50 del actual Estatuto General de la Abogacía, Real Decreto 135/2021, de 2 de marzo.

[23] (...) *"debiendo cesar en el asesoramiento o defensa del asunto cuando se considere que no se puede actuar con total independencia, evitando, en todo caso, la indefensión del cliente"*

[24] Artículo 553.4. *"Los abogados y procuradores serán también corregidos disciplinariamente por su actuación ante los juzgados y tribunales: (...) Cuando renuncien injustificadamente a la defensa o representación que ejerzan en un proceso, dentro de los siete días anteriores a la celebración del juicio o vistas señaladas".*

2. *Conciencia y derecho de defensa*

2.1. El derecho de defensa.

El derecho de defensa, como derecho fundamental, se encuentra recogido de forma genérica en el artículo 24.2 de la Constitución, y en los Tratados Internacionales firmados por España. El artículo 6.3 c) del Convenio de Roma de 1950, recoge que *"todo acusado tiene como mínimo, derecho a defenderse por sí mismo, o solicitar la asistencia de un defensor de su elección y, si no tiene los medios para remunerarlo, poder ser asistido gratuitamente por un abogado de oficio cuando los intereses de la justicia los exijan"*. El artículo 14.3 d) del Pacto Internacional de Derechos Civiles y Políticos, de 19 diciembre 1966, recoge que el acusado de un delito tendrá derecho *"a defenderse personalmente o ser asistido por un defensor de su elección, a ser informado, si no tuviera defensor, del derecho que le asiste a tenerlo, y siempre que el interés de la justicia lo exija, a que se nombre defensor de oficio, gratuitamente, si careciese de los medios suficientes para pagarlo"*.

El contenido sustancial del derecho de defensa fue interpretado por el Tribunal Europeo de Derechos Humanos (T.E.D.H.) en la Sentencia del 13/05/80, como resultado de la demanda interpuesta, por el señor Ettore Artico contra el Estado italiano, en virtud del artículo 25 del Convenio, introduciendo el adjetivo "adecuada" como calificativo del derecho a la defensa. La sentencia prioriza la libertad de elección por parte del justiciable del abogado, como núcleo del contenido del derecho a la defensa, frente a la designación de oficio. La designación de oficio de un abogado al justiciable solo opera, en su vertiente del derecho a la defensa, de modo subsidiario, cuando el justiciable no puede designar un letrdo de su elección y, en cualquier caso, no siendo suficiente con la mera designación, sino con la efectiva asistencia letrada. En la jurisprudencia del Tribunal Supremo y del Tribunal de Garantías, se resalta que *"la confianza que al asistido le inspiren las condiciones profesionales y humanas de su Letrado ocupa un lugar destacado en el ejercicio del derecho de asistencia, cuando se trata de la defensa de un acusado en un proceso penal"*[25]. Así lo recogía en el año 1987 el tribunal de Garantías: *"la libre designación de éste viene integrada en el ámbito protector de éste"* (STC 196/1987, fundamento jurídico 5º). Pero es sin duda la STC 162/1999, en un famoso recurso de amparo planteado por el que fuera presidente de la Diputación Provincial de Cantabria, D. Juan Hormaechea, al respecto del derecho de defensa del enjuiciado, la que integraría la definición constitucional del derecho a la defensa del artículo 24.2 de la C.E. La defensa técnica, para el intérprete constitucional, comprendería desde defenderse por sí mismo, a hacerlo mediante asistencia letrada de su elección y, bajo determinadas circunstancias, siempre respetando la elección del justiciable, a recibir asistencia letrada de oficio, pero todas ellas sujetas a una restricción, como es que el enjuiciado no disponga a su capricho del desarrollo del procedimiento, a saber, renunciando a su Letrado, o al revés, que sea el propio Letrado el que con su resignación

---

[25] STSS 33/2022, de 19 de enero; 920/2022, de 24 de noviembre; STC 18/1995, de 24 de enero, entre otras.

pueda dificultar la continuación. La sentencia abre así la espita a que el abogado decline la defensa, de modo sobrevenido, en un procedimiento ya comenzado, como se recogería en el artículo 26 del Estatuto General de la Abogacía, más allá de no aceptar (o directamente rechazar) la intervención en un procedimiento de consultoría o representación legal a instancias del cliente.

Las ocupaciones principales del Abogado son la defensa y el consejo jurídico. Y estas ocupaciones se realizan profesionalmente según reza en el artículo 542 de la LOPJ y el 6 del Estatuto General de la Abogacía Española. Defender, empleando la técnica y el conocimiento jurídicos, es inherente con el oficio del abogado. El cliente requiere del Abogado para que proteja sus intereses. El Tribunal Constitucional lo ha declarado en multitud de resoluciones: la libertad de aceptar o rechazar la intervención del Letrado opera pues en los dos sentidos de la relación, pues es una relación sinalagmática de confianza, y la confianza se ha de desarrollar de modo durativo: puede en cualquier momento el cliente rechazar la defensa de su Letrado y, de modo sinalagmático, puede el Letrado rechazar la defensa de su cliente. Así aparece en el artículo 12.4 del Código Deontológico: *"La libertad de defensa comprende la de aceptar o rechazar el asunto en que se solicita la intervención, sin necesidad de justificar su decisión. Será obligatorio,*
pues, abstenerse de seguir las indicaciones del cliente si al hacerlo pudiera comprometer la observancia de los principios que rigen la profesión." Derecho que también proclama el artículo 26 del Estatuto General de la Abogacía Española: *"Los Abogados tendrán plena libertad de aceptar o rechazar la dirección del asunto, así como de renunciar al mismo en cualquier fase del procedimiento, siempre que no se produzca indefensión al cliente."*

Las posibilidades de renunciar a la defensa del cliente han profusamente estudiadas por la doctrina[26]. En ejercicio de la facultad de resignación, aceptado el cometido por el Abogado, éste puede, cambiando de idea, renunciar, y no sólo en los supuestos que indica el párrafo siguiente del mismo artículo (12.5) *"cuando surjan discrepancias con el cliente"* sino, realmente, en cualquier caso. Si el cliente puede, en cualquier momento, cambiar de Letrado, el Letrado puede, en cualquier momento, dejar de abogar por el cliente.

Acertadamente, el Estatuto General de la Abogacía indica que deben adoptarse determinadas cautelas cuando se renuncia a continuar con la defensa o asesoramiento en el encargo que le ha sido encomendado. Opera como limitación objetiva del derecho del abogado la posible indefensión de su mandante, lo cual, dicho sea de paso, requiere un juicio técnico por parte del profesional, es decir, ¿quién decide y en qué casos, la renuncia del abogado puede producir indefensión al cliente? Además, como indicaba la STC

---

[26] Solo por considerar la más reciente, videre Jiménez Segado (2022). Montserrat (2022, p. 414) lo explicita: [el derecho de renuncia] *"ha de ser admitido por el tribunal donde se produzca, con la sola excepción de que dicha renuncia represente un abuso de derecho, fraude de ley, o manifiesta mala fe, como cuidó de explicitar, por ejemplo, la STS 985/2006, de 17 de Octubre, (…) añadiendo que en esto casos no procede la suspensión del juicio".*

162/1999, antes citada, otro límite al derecho de renuncia a la defensa por parte del abogado sería que el enjuiciado no dispusiera a su antojo del procedimiento, mediante el recurso arbitrario y recurrente de cambiar de Letrado a lo largo de la vida del procedimiento.

"El Abogado que renuncie a la dirección Letrada de un asunto habrá de realizar los actos necesarios para evitar la indefensión de su cliente. Cuando se trate de defensa asumida por designación colegial, la aceptación, rechazo, abstención o cese habrá de acomodarse a las normas sobre justicia gratuita y sobre este tipo de designaciones.", reza el párrafo tercero del artículo 13.3 antes citado.

Ciertamente, lo que es un derecho por parte del Letrado, la renuncia a la defensa puede convertirse en una obligación en determinados supuestos: incompatibilidades sobrevenidas, conflictos de intereses sobrevenidos, etc.

2.2. El turno de oficio.

Excurso merecido es el tratamiento de la defensa en el turno de oficio. Aquí el principio de libertad de aceptación o declinación del asunto sufre importantes restricciones, que han sido avaladas por el Tribunal de Garantías. Hay muchos ejemplos de casos en los que los abogados de oficio se han negado a defender a ciertos acusados, en cuya inocencia no creen. La aceptación de la defensa es imperativa y la terminación de los servicios viene reglada en el artículo 31 de la Ley de Asistencia Jurídica Gratuita que se encarga de precisar la obligación de continuar con la defensa estableciendo un límite temporal objetivo. Bajo el epígrafe de "Obligaciones profesionales" dispone:

"Los abogados y procuradores designados desempeñarán sus funciones de asistencia y representación de forma real y efectiva hasta la terminación del proceso en la instancia judicial de que se trate y, en su caso, la ejecución de las sentencias, si las actuaciones procesales en ésta se produjeran dentro de los dos años siguientes a la resolución judicial dictada en la instancia, sin perjuicio del efecto de las causas de renuncia o excusa que estén previstas en la ley."

Sin embargo, el mismo artículo de la Ley de Asistencia Jurídica Gratuita también establece que corresponde al decano del Colegio profesional aceptar (o denegar) la renuncia del abogado de oficio, una vez valoradas las razones aducidas:

"Sólo en el orden penal podrán los abogados designados excusarse de la defensa. Para ello deberá concurrir un motivo personal y justo, que será apreciado por los Decanos de los Colegios".

Quizá habría que integrar el concepto de "motivo personal y justo" para que no fuera una decisión discrecional del decano del Colegio de Abogados, pero sí que parece que la objeción de conciencia del abogado de oficio podría entrar en el supuesto previsto en este artículo 31 de la Ley de Asistencia Jurídica Gratuita, si bien limitada al orden jurisdiccional penal. Cuestión incidental, aun importante, es considerar cuándo y cómo la "plena libertad" y la "independencia" del abogado entran en colisión, en la renuncia, con los posibles abusos de derecho, fraude de ley, o manifiesta mala fe, como fue estudiado en la STS 985/2006, de 17 de Octubre (videre nota 26). Quizá, al integrar el concepto de "motivo personal y justo" debiera incluirse también una referencia explícita a estos tres conceptos.

2.3. El abogado sometido a relación laboral

Cabría esperar poder trazar una analogía entre los casos de abogados objetores de conciencia y los de empleados que incumplen sus deberes laborales para con sus empleadores, basándose en valores superiores de carácter ético. Los abogados, al fin y al cabo, suelen ser representantes, mandatarios y/o agentes de sus clientes. Los agentes ordinarios, por ejemplo, en el ámbito empresarial o contable, tienen casi tantas probabilidades como los abogados de recibir información confidencial de sus mandantes y tienen las mismas probabilidades de enfrentarse a situaciones de dilema moral. En consecuencia, las cuestiones relativas a los dilemas de los agentes, al igual que las relativas a los dilemas de los abogados, están en gran medida sin resolver. Las actividades del abogado sometido a relación laboral pueden confrontar, directamente, normas laborales, con normas deontológicas y, alternativamente, con la actuación ética, de conciencia, del abogado. Puede, incluso haber *bis in idem* (infracción laboral e infracción deontológica), en el caso de la responsabilidad disciplinaria del abogado trabajador a instancias de un tercero. Así se prevé de la lectura del artículo 24 del Real Decreto Real Decreto 1331/2006, de 17 de noviembre, que regula la relación laboral especial de los abogados que prestan servicios en despachos de abogados.[27] Comportamientos plenamente éticos, y alineados con la deontología, como el respeto a las confidencias del cliente, pueden constituir una infracción laboral cuando no se informa al titular del despacho. O una fundamentación ética, no alineada con la ética del titular del despacho, para no asumir un asunto, constituye una posible infracción laboral.

---

[27] Art. 24.2. *"Los abogados incurrirán en responsabilidad disciplinaria laboral en los supuestos previstos en el artículo 54 de la Ley del Estatuto de los Trabajadores y en caso de incumplimiento de las obligaciones que hubieran asumido en el contrato de trabajo.*

Se consideran incluidas entre las infracciones laborales a que se refiere el párrafo anterior los siguientes comportamientos o conductas de los abogados:

a) El incumplimiento de los deberes de confidencialidad, secreto profesional y fidelidad.

b) La negativa infundada a asumir los asuntos encomendados por el titular del despacho.

c) La negativa a informar al titular del despacho de la situación de los asuntos que le hubiera encomendado".

Esta conclusión no nos ayuda a determinar cómo deben actuar los agentes, los empleados o los abogados, pero el artículo 24 parece sugerir, en el ámbito laboral o de dependencia orgánica o funcional de un tercero, una fuerte limitación al reconocimiento a la objeción de conciencia, de modo semejante al turno de oficio. Los casos de objeción de conciencia al servicio militar obligatorio proporcionan la única analogía cercana disponible en la jurisprudencia, y probablemente aporten ideas que merezca la pena considerar. La STC 19/1985, de 13 de febrero, resolvió de modo tangencial el ejercicio de la libertad religiosa por parte de un empleado, acotado a los días festivos pactados en la relación laboral, negando la posibilidad de objeción de conciencia:

"1. Aunque es evidente que el respeto a los derechos fundamentales y libertades públicas garantizados por la Constitución es un componente esencial del orden público, y que, en consecuencia, han de tenerse por nulas las estipulaciones contradichas incompatibles con este respeto, no se sigue de ahí, de modo alguno, que la invocación de estos derechos o libertades puede ser utilizada por una de las partes contratantes para imponer a la otra las modificaciones de la redacción contractual que considere oportunas.

2. El derecho fundamental recogido en el art. 16 de la C.E. comprende, junto a las modalidades de la libertad de conciencia y la de pensamiento, íntimas y también exteriorizadas, una libertad de acción respecto de las cuales el art. 16.2 establece un acotamiento negativo en cuanto dispone que «nadie podrá ser obligado a declarar sobre su conciencia, religión o creencias».

3. Cuando una empresa no dispensa a un trabajador del régimen laboral establecido respecto a la jornada de trabajo, para posibilitarle el cumplimiento de sus deberes religiosos, podrá existir una incompatibilidad entre los deberes religiosos, en cuanto imponga la inactividad laboral, y la ejecución del trabajo o el cumplimiento de obligaciones laborales, pero no una coercibilidad contraria al principio de neutralidad que debe presidir, en la materia, la conducta del empresario.

4. Partiendo del régimen de jornada establecida con carácter general para una empresa, el otorgamiento de un descanso semanal distinto supondría una excepcionalidad que, aunque pudiera estimarse como razonable, comportaría la legitimidad del otorgamiento de esta dispensa del régimen general, pero no la imperatividad de su imposición al empresario.

5. Que el descanso semanal corresponde en España, como en los pueblos de civilización cristiana, al domingo obedece a que tal día es el que por mandato religioso y por tradición se ha acogido en estos pueblos; esto no puede llevar a la creencia de que se trata del mantenimiento de una institución con origen causal único religioso, pues es evidente, de la legislación, que el descanso semanal es una institución secular y laboral, que si comprende el domingo como regla general de descanso semanal es porque este día de la semana es el consagrado por tradición".

3. Conciencia y deontología

3.1. Ética y deontología.

¿Qué normas de ética profesional deben suplantar las convicciones morales personales de un abogado cuando ambas entran en conflicto? En particular, ¿podríamos identificar qué métodos para conciliar el conflicto son los más justificables?

En primer lugar, es importante señalar que el ámbito del derecho no es el único que a veces enfrenta las creencias personales de una persona con las exigencias de su empleo. Por ejemplo, cualquier denunciante potencial en el mundo empresarial debe conciliar el deber moral de lealtad al empleador con su sentido de la ética. Del mismo modo, los directivos de empresas que sienten obligaciones sociales (hacia sus propios trabajadores o hacia el entorno) a veces deben cohonestar el deber profesional de maximizar los beneficios de los accionistas, y evitar conductas lesivas con los trabajadores y/o el entorno.

"No debemos olvidar que cualquier uso indebido de los recursos empresariales, puede implicar un daño en la imagen y reputación en el mercado de cualquier entidad, lo que evidentemente tendrá repercusiones económicas y suponer un quebranto institucional. Por ello, la finalidad esencial de los códigos éticos y de conducta es el del sostenimiento de la empresa o su supervivencia a corto, medio y largo plazo". (Delgado et al., 2020, p. 234)

Los policías deben conciliar sus nociones de justicia con las normas jurídicas que rigen la conducta investigadora. Los investigadores médicos deben sopesar los beneficios potenciales de determinadas metodologías de investigación y sus perjuicios para las personas o los animales. Y la lista continúa.

En segundo lugar, debemos reconocer la realidad de que las normas de ética jurídica - encapsuladas en las reglas profesionales o en otro lugar- no son equivalentes a pronunciamientos de comportamiento moral. Reflejan juicios sobre el funcionamiento del sistema jurídico y sobre cómo se espera que se comporten los abogados en general para que el sistema jurídico funcione. En muchos aspectos, las normas deontológicas expresan nociones de "moralidad de rol", de consideraciones sistémicas que los abogados deben tener en cuenta al tomar decisiones morales que los legos tal vez no considerarían. Sin embargo, nadie ha sugerido nunca que la adhesión ciega a una "moral de rol" sea una cuestión de comportamiento moral.

"La concepción estándar exige aceptar la existencia de una moralidad de rol, según la cual quien ocupa una posición concreta dentro de una institución determinada debe ser

evaluado mediante criterios morales internos propios de ese rol, y no mediante criterios provenientes de la moralidad ordinaria externos al rol y a la institución" (Arjona, 2013, p. 552).

Si bien existe diferenciación entre ética privada y deontología profesional, al menos en cuanto a su terminología, ambas nociones se confunden invariablemente en la práctica, *"llegando en ocasiones a que ambos términos se usen indistintamente"* (Donker et al., 2008). Dicha confusión sucede, en muchos aspectos de lo particular con lo público, de lo individual con lo colectivo, y de lo privado con lo social, a pesar de que son esferas distintas pero superpuestas, siendo la ética concerniente a lo privado, y la deontología referida al ámbito profesional.

Esta mezcla terminológica y práctica (Mayoral, 2011) se hace asimismo palmaria en los artículos de los códigos deontológicos profesionales. Muchos códigos deontológicos se valen de las palabras código "ético" en sus denominaciones, o incluso descartan titular a su código como deontológico. Por ejemplo, los dentistas utilizan la expresión conjunta "ética y deontología", y denominan a su Código: Código Español de Ética y Deontología Dental. Algo similar ocurre con el de logopedas y terapeutas ocupacionales. [28]

"La deontología y las políticas corporativas son de aplicación colectiva o de grupo, y sus destinatarios son los profesionales de un ámbito o los trabajadores de una compañía (Canary y Jennings, 2008; O'Dwyer y Madden, 2006). Entonces, ¿por qué utilizan el concepto código ético en las organizaciones?" (Delgado et al., 2020, p. 232).

La expresión conjunta se hace más manifiesta en su composición y contenido, consignando capítulos y artículos completos a la ética personal, individual, del profesional como tal y no meramente a la deontología. Algunos códigos, en ocasiones, no distinguen por títulos o capítulos diferenciados, unos para ética y otros para deontología, detallando incluso el proceder moral necesario del profesional como ética profesional. Así, el Código Deontológico de los agentes de la propiedad inmobiliaria[29], intercalado en el texto, mezcla principios éticos y deontológicos. El Código Deontológico de los arquitectos técnicos tiene un propósito acusadamente sancionador, por lo tanto, más orientado hacia la proscripción de ciertas conductas profesionales[30].

Las definiciones de ética y deontología, por lo tanto, se barajan, se mezclan o se tratan en los códigos examinados de manera indistinta e indiferente, produciendo confusión entre los términos o utilizando la misma noción (ética y deontología) para definir distintas acepciones. Como muestra, es destacable la aseveración recogida en el artículo 1 del

---

[28] Y que se pueden consultar en sus respectivas páginas web, referenciadas en la webgrafía, al final del presente trabajo.

[29] http://www.congresogestoresadministrativos.es/45_Codigo%20Deontologico%20APIS.pdf

[30] https://www.cgate.es/pdf/CODIGO_DENTOL.pdf

Código Deontológico de la Abogacía, cuando afirma que: *"Los hombres y mujeres que ejercen la Abogacía están obligados a respetar la Deontología inspirada en los principios éticos de la profesión"*. Dicha aseveración es el compendio de la confusión, que ha llevado a utilizar ambos conceptos de forma indiferente para referirse, de forma general, a las normas que rigen la profesión como ética profesional o deontología, como si el espacio privado agrandara un grado hacia la esfera profesional, y por ello, se transitara de forma mecánica de hablar de ética (que solo afecta al individuo) a ética profesional, y a continuación a deontología, cuando la ética sigue siendo individual. Como indican los dres. Delgado, Blanco y Revilla:

"En cualquier caso, si la ética es profesional, esta no podría ser colectiva ni tener un reflejo normativo, ni tampoco sancionador, pues si hablamos de ética aun cuando sea profesional, esta debe quedar en el ámbito privado del individuo y no debe transferirse a un código de aplicación a un colectivo, ya que ese ámbito es el de la deontología". (Íbidem, p. 243)

Estas observaciones sugieren que los abogados, como muchos otros profesionales y empleados, pueden enfrentarse a situaciones en las que los mandatos de su vida profesional entran en conflicto con sus creencias sobre lo que es correcto o justo. Aunque un buen abogado debe tener en cuenta los imperativos sistémicos a la hora de decidir cómo actuar, dichos imperativos no son más que un conjunto de factores que determinan la conducta ética. El abogado puede, en ocasiones, tener que decidir si viola las normas profesionales en favor de la reivindicación de principios más elevados.

3.2. Opciones del abogado ante el conflicto

La mayoría de los observadores estarán de acuerdo con la proposición anterior en algún nivel. El escenario paradigmático implica la cuestión de si un abogado debe mantener la confidencialidad cuando romperla es necesario para salvar la vida de un tercero inocente. Aunque las normas de confidencialidad entre abogado y cliente pueden prohibir la divulgación, y las comisiones deontológicas pueden advertir sobre sanciones disciplinarias por incumplir el código profesional, muchos abogados sentirían, no obstante, la necesidad de revelar su secreto profesional. Pocos observadores condenarían a un abogado por incumplir las normas para salvar una vida[31].

Pero si aceptamos la excepción extrema, abrimos la puerta a dilemas morales en una amplia gama de situaciones menos apremiantes, en las que entran en conflicto las normas profesionales y la ética personal del abogado.

---

[31] Andino, 2014, p. 158: *"El secreto profesional no es un derecho absoluto, sino que puede ser revelado lícitamente bajo diversas circunstancias. El abogado puede quedar liberado de su obligación de guardar secreto profesional tanto con el consentimiento del cliente como sin éste"*.

Partimos de la premisa argumental de una fuerte convicción moral y/o religiosa del letrado ¿Debe un abogado mantener la confidencialidad cuando hacerlo permite a un cliente infringir la ley y perjudicar potencialmente a las víctimas del delito? ¿Debe el abogado emplear tácticas procesales que oculten la verdad[32]? ¿Debe el abogado emplear tácticas procesales, como el contrainterrogatorio, que puedan perjudicar o humillar a terceros inocentes? ¿Debe un abogado considerar el efecto de la decisión de un cliente (por ejemplo, la de un padre que se divorcia) sobre terceros (por ejemplo, hijos) que puedan verse afectados? ¿Hasta qué punto debe un abogado actuar civilizadamente con el abogado contrario cuando ello menoscabaría los intereses de un cliente? Estos son sólo algunos de los dilemas morales a los que los abogados deben enfrentarse continuamente y que superan ampliamente el margen de actuación prohibido por el tipo de la estafa procesal:

"Incurren en la misma los que, en un procedimiento judicial de cualquier clase, manipularen las pruebas en que pretendieran fundar sus alegaciones o emplearen otro fraude procesal análogo, provocando error en el juez o tribunal y llevándole a dictar una resolución que perjudique los intereses económicos de la otra parte o de un tercero". (Artículo 250.1 del Código Penal)

[32] La búsqueda de la "verdad" no es un mandato deontológico. No hay ninguna referencia a la "verdad" en el Estatuto General de la Abogacía (2021) ni en el Código Deontológico (2019). La "veracidad" solo aparece en el preámbulo del Código Deontológico, como "virtud": *"La honradez, probidad, rectitud, lealtad, diligencia y veracidad son virtudes que deben adornar cualquier actuación. Ellas son la causa de las necesarias relaciones de confianza con el cliente y son la base del honor y la dignidad de la profesión".* Sin embargo, en la moral católica, la "verdad" es un mandato de conciencia. El abogado (y santo católico) Alfonso Ligorio, lo expresaba así en el siglo XVIII: *"Con el fin de obrar lícitamente, en las cosas dudosas deberemos buscar y seguir la verdad: allí donde la verdad no pueda ser claramente hallada, estamos obligados a abrazar al menos la opinión que más se aproxima a la verdad, que es la opinión más probable"* (Ligorio, 1953, I, 25).

[33] Calamandrei (2009, p. 98): *"La defensa de cada abogado está construida por un sistema de llenos y vacíos: hechos puestos de relieve porque son favorables, y hechos dejados en la sombra porque son contrarios a la tesis defendida".* Esta idea de "parcialidad del abogado" frente a la exigencia de imparcialidad del juez es puesta de manifiesto repetidamente por Hierro (2007, p. 125): *"Por lo que se refiere a los abogados es difícil sustraerse a la convicción dominante de que la relación del abogado con el cliente consiste, en cualquier orden de actividad, en optimizar los intereses del cliente dentro del marco de posibilidades legales. La contraposición entre el abogado-servidor-del-cliente y el abogado-colaborador-de-la administración-de-justicia es, muy plausiblemente, un dilema mal planteado pues en un sistema contencioso el abogado, ya sea en la actividad preventiva ya sea en la actividad conflictual, asume el rol de servir al cliente y es asumiendo ese rol como realiza su aportación específica a la administración de la justicia la deontología de los abogados".*

[34] Pepper, S. (1995, p. 1551) considera los casos de protección medioambiental, *"Examples from the Broad Middle Ground"* ["amplio término medio"], un rango moral donde el abogado no tiene que llegar necesariamente a los límites de la ley para aconsejar a su cliente.

[35] Videre López Barja (2004). La concurrencia entre la responsabilidad medioambiental y las sanciones penales y administrativas se regula en el artículo 6 de la Ley 26/2007, de 23 de octubre, de Responsabilidad Medioambiental.

En las páginas siguientes se cuestiona hasta qué punto los abogados deben tener en cuenta los valores personales fundamentales a la hora de resolver estos dilemas. Para hacer más difícil la cuestión, dejemos de lado los métodos fáciles para abordar los problemas. Supongamos, a nuestros efectos, que los abogados en cuestión no pueden eliminar sus dilemas evitando inicialmente la representación (es decir, es un dilema sobrevenido), convenciendo a los clientes de que "hagan lo correcto" o renunciando "por motivos personales o profesionales", como vimos en el epígrafe anterior.

Considere algunos escenarios que podrían implicar las creencias más arraigadas de un abogado y lo que la doctrina ha llamado "la natural parcialidad del defensor"[33]. Por ejemplo:

El abogado A cree que es fundamentalmente incorrecto permitir que otra persona sufra un daño si se puede evitar el daño. Representa a un cliente corporativo que ha estado vertiendo residuos tóxicos en el suministro de agua de un vecindario, lo que podría, en el transcurso de muchos años, provocar graves enfermedades a los bebedores del agua[34]. El vertido de residuos infringe la Ley de Aguas, Real Decreto Legislativo 1/2001, de 20 de julio y, si se descubre, suele dar lugar a multas administrativas. El delito de emisiones, vertidos, radiaciones, extracciones, que puedan dañar al medio ambiente, se regula en el artículo 325 del Código Penal. Las sanciones penales son posibles, pues la conducta típica podría subsumirse en el delito medioambiental, pero son más abundantes las sentencias del orden contencioso que las del orden penal, en la materia[35].

Según la concepción común de la moralidad del papel del abogado, este debe equilibrar los intereses personales y de terceros en la revelación de su cliente frente a los intereses del sistema en mantener las confidencias del cliente. Las normas de confidencialidad de los códigos profesionales orientan sobre cómo deben conciliarse esos intereses. En virtud del artículo 5 del Código Deontológico de 2019, por ejemplo, la primacía de mantener inviolable la relación abogado-cliente prevalecería sobre los intereses de terceros, incluso cuando los actos del cliente fueran delictivos y pudieran causar la muerte inminente o lesiones corporales importantes. Con toda claridad, el art. 21.1 del EGAE en sintonía con el enunciado del art. 542.3 de la LOPJ, dispone que *"los Abogados deberán guardar secreto de todos los hechos o noticias que conozcan por razón de cualquiera de las modalidades de su actuación profesional, no pudiendo ser obligados a declarar sobre los mismos"*. De hecho, la confidencialidad y el secreto profesional están presentes en casi todos los códigos deontológicos profesionales. ¿Cómo debe tener en cuenta el abogado su creencia fundamental de que no debe permanecer de brazos cruzados mientras se lesiona a otra persona?

"Artículo 5.1 Secreto profesional. La confianza y confidencialidad en las relaciones con el cliente, ínsita en el derecho de éste a su defensa e intimidad y a no declarar en su contra,

impone a quien ejerce la Abogacía la obligación de guardar secreto, y, a la vez, le confiere este derecho, respecto de los hechos o noticias que conozca por razón de cualquiera de las modalidades de su actuación profesional, limitándose el uso de la información recibida del cliente a las necesidades de su defensa y asesoramiento o consejo jurídico, sin que pueda ser obligado a declarar sobre ellos como reconoce la Ley Orgánica del Poder Judicial".

La primera opción del abogado A podría ser interpretar los términos vagos de la norma profesional para permitir la divulgación, ponderando los intereses en juego. Los actos de su cliente corporativo no son técnicamente delictivos, aunque podrían causar la muerte o enfermedades en el futuro "inminente". Si "probablemente" significa "más probablemente que no", el abogado no sabe que es probable que el vertido cause enfermedad. Pero si el abogado interpreta el término más liberalmente, para incluir "posibilidades reales", entonces la revelación puede ser apropiada, en conciencia.

Del mismo modo, aunque una enfermedad real puede no ser "inminente", los factores que contribuyen a una enfermedad están en curso y, por lo tanto, puede decirse que están presentes. Es importante señalar que es poco probable que el abogado típico que sólo sigue los mandatos del Código Deontológico tenga en cuenta estas interpretaciones. Al menos el espíritu del artículo 5.1 antes citado milita en contra de la divulgación en este escenario. El requisito de inminencia presumiblemente busca proteger las confidencias, a menos que el peligro sea tal que el abogado esté en la única posición de evitarlo[36]; si hay tiempo para que otros descubran o eviten el peligro, presumiblemente el factor determinante debería ser la importancia para el cliente y el sistema de asegurar la voluntad y capacidad de los clientes de contar secretos a los abogados. No obstante, parece que los códigos dejan margen para que cada abogado interprete los términos imprecisos de las normas de confidencialidad de acuerdo con sus convicciones personales. Aquí hay un juicio fáctico en una ciencia que no es estrictamente jurídica. Conceptos como riesgo, enfermedad, inminencia, gravedad, posibilidad, etc. implican un cúmulo de circunstancias difícilmente objetivables, en una decisión, por parte del abogado, de etiología multicausal[37].

---

[36] Y que implicaría asumir por parte del abogado una "posición de garante" que no le atribuyen las normas profesionales. *"Únicamente a quien reúne los requisitos especiales es posible formularle la imputación objetiva. Lo convierte en sujeto activo del delito de omisión impropia el hecho de que él tiene la responsabilidad, jurídicamente impuesta, de hacer lo posible para evitar la consecuencia (...) la doctrina dice que esa persona se halla en posición de garante"* (Terragni, 1997, p. 19).

[37] Y que no implican necesariamente que el abogado esté asumiendo el papel de cómplice en la comisión de un delito. Monroe (1990, 4ª edición, 2010, p. 187) planteaba el caso de si un abogado estadounidense podía, en conciencia y en ley, aconsejar a su cliente, acusado de un delito mayor en Estados Uniddos, cambiar su residencia a un país de Sudamérica que no tuviera tratado de extradición con EE. UU: *"Your client in a criminal case has just been convicted and is free on bail pending sentence in two weeks (...) As son as posible, he says, give me a list of all the countries in South America that do ot have extradition treatieswith the United States. Would you give him the list?"*

3.3. El estado de necesidad

Ahora cambiemos la hipótesis, para evitar un dilema hermenéutico, y circunscribamos el caso a un dilema moral, introduciendo un supuesto de derecho de salud. La Constitución Española de 1978, en su artículo 43, reconoce el derecho a la protección de la salud, encomendando a los poderes organizar y tutelar la salud pública a través de medidas preventivas y de las prestaciones y servicios necesarios. En su artículo 41, de indudable conexión temática con el artículo comentado, la Constitución establece que los poderes públicos mantendrán un régimen público de Seguridad Social para todos los ciudadanos, que garantice la asistencia y prestaciones sociales suficientes ante situaciones de necesidad. A su vez, el artículo 42.1.a) de la Ley General de la Seguridad Social[38] incluye dentro de la acción protectora del ámbito de la Seguridad Social "*la asistencia sanitaria en los casos de maternidad, de enfermedad común o profesional y de accidente, sean o no de trabajo*". Hay poco margen a la interpretación de que no existe, en ningún país, el derecho subjetivo a la salud, sino más bien el *"derecho subjetivo a la protección de la salud como un sistema prestacional"*[39]

El abogado A se entera por su cliente, que es portador del virus VIH, de que no ha informado a su novia de su infección y de que no siempre procura mantener relaciones sexuales con protección[40]. Esta parece una cuestión particular del cliente al margen de la relación de arrendamiento de servicios que mantenga con el letrado. El cliente insiste en que el abogado A mantenga la confidencialidad de esa comunicación. El abogado A podría revelar la información sin perjudicar los intereses del cliente en los asuntos sobre los que el abogado representa al cliente.

En este caso, el abogado A no dispone de ninguna interpretación razonable de la norma que permita la revelación. Salvo en el inusual caso de que la ley estatal tipificare la conducta del cliente como agresión o lesiones, los actos no son delictivos, pues no parece que se cumpla, al menos de modo perfecto, el tipo encuadrable del Código Penal[41]. El abogado A no tiene motivos para creer que es "probable" que la novia desarrolle el SIDA; se trata simplemente de un hecho cuya probabilidad el abogado A desconoce. La infección tampoco es necesariamente "inminente"; simplemente es posible, en algún momento. El abogado desconoce, nuevamente, el riesgo, la posibilidad, la gravedad, etc. El abogado, como en el caso anterior, no conoce el futuro.

---

[38] Real Decreto Legislativo 8/2015, de 30 de octubre, por el que se aprueba el texto refundido de la Ley General de la Seguridad Social. BOE núm. 261, de 31/10/2015

[39] Cañón, 2022, p. 22.

[40] Esta hipótesis es una variante de Gillers (1998, p. 32)

[41] Artículo 549 del C.P. *"El que maliciosamente propagare una enfermedad peligrosa y transmisible a las personas, será castigado con la pena de prisión de seis meses a cuatro años"*.

El abogado A tiene dos opciones para conciliar los mandatos de la norma y su creencia fundamental. En primer lugar, para revelar la información en virtud de la excepción de la norma, el abogado tendría que tomar una decisión consciente de manipular, tergiversar o malinterpretar los términos de la norma deontológica (artículo 5 del Código Deontológico) y el tipo del artículo 549 del Código Penal. Las acciones correpondientes a los verbos "manipular", "tergiversar" y "malinterpretar" no están prohibidas en las normas disciplinarias ni penales. No son verbos "jurídicos", sino verbos "hermenéuticos", que ayudan a entender el comportamiento del abogado.[42]

Alternativamente, el abogado puede adoptar el mandato de la propia norma deontológica (artículo 5 del Código Deontológico) como una creencia básica igualmente importante. En otras palabras, puede aceptar que mantener la confidencialidad es tan importante o más que evitar el posible perjuicio a la esposa de su cliente, la posible víctima.

Estas son las dos opciones para conciliar realmente las normas de comportamiento en conflicto: mantener el secreto o comunicar a la contraparte el riesgo que le plantea al abogado la confidencia de su cliente. Esa opción última, de desafiar el secreto profesional, y anteponer la norma ética personal por encima de la norma profesional, presenta permutaciones. El contacto directo con la contraparte no solo no está prohibido (se permite con autorización expresa del abogado de la contraparte) sino que hay un expreso mandato deontológico de *"abstención u omisión de cualquier acto que determine para esta [la contraparte] una lesión injusta".*[43]

El abogado A podría aplicar este planteamiento de varias maneras. ¿Qué es una lesión injusta, cuando no hay un derecho subjetivo a la salud? En el contexto de la [prohibición deontológica] de *"abstención u omisión de cualquier acto que determine para esta una lesión injusta"* se podría simplemente desobedecer al cliente y revelar la información, directamente o por medio de su letrado, al cónyuge. Alternativamente, podría revelar la información de forma anónima, evitando potencialmente sanciones por su conducta y la ira o decepción de su cliente. O puede intimar al cliente para que revele la información, ya sea

---

[42] "Manipular" aparece en dos ocasiones en el Código Penal: "manipular pruebas" (artículo 250.7) y "manipular el cálculo de un índice financiero" (artículo 284.2). La "tergiversación de hechos" solo aparece para la obtención indebida de una prestación de la Seguridad Social (artículo 307 ter). Ninguno de los tres términos aparece en las normas deontológicas.

[43] Código Deontológico 2019.

"Artículo 13.- Relaciones con la parte contraria:

1. La relación y comunicación con la parte contraria, cuando conste que dispone de defensa o asesoramiento letrados, se deberá mantener siempre con el compañero o compañera, a menos que se autorice expresamente por éstos el contacto directo.

2. Cuando la parte contraria no disponga de asistencia letrada se le deberá recomendar que la designe. En todo caso, deberá evitarse toda clase de abuso y observar la necesaria prudencia en su trato con ella.

3. Deberá mantenerse con la parte contraria un trato considerado y cortés, con abstención u omisión de cualquier acto que determine para esta una lesión injusta".

conminándole con revelarla o con que la revele, pues el artículo 171.2 del Código penal, que regula el chantaje, sería difícilmente aplicable al supuesto:

"Si alguien exigiere de otro una cantidad o recompensa bajo la amenaza de revelar o difundir hechos referentes a su vida privada o relaciones familiares que no sean públicamente conocidos y puedan afectar a su fama, crédito o interés, será castigado con la pena de prisión de dos a cuatro años, si ha conseguido la entrega de todo o parte de lo exigido, y con la de cuatro meses a dos años, si no lo consiguiere".

Como punto de partida, es forzoso advertir que la Ley es incuestionable para el profesional de la salud (pero no en cuanto al profesional jurídico) en cuanto a que el titular recipiendario de la información es sólo el paciente y no se podrá informar a los allegados y familiares más que en la medida que el paciente lo consienta, expresa o tácitamente (art. 5.1 de la Ley 41/2002 de autonomía del paciente). Si el paciente ha declarado fehacientemente que su voluntad es que no se proporcione a su pareja información sobre su proceso asistencial concreto, esta voluntad ha de ser respetada. Esta es la norma general, sobre el derecho del paciente a que no se informe sobre su diagnóstico y los datos referentes a su estado de salud a los allegados, más que en la medida que él lo consienta.

¿Existen excepciones a la regla general declarada en el párrafo anterior? Es innegable que el derecho a la intimidad no es un derecho sin límites, como cualquier otro. En cuanto a si se debe informar a la pareja por existir un riesgo posible para su salud, en razón de un potencial contagio, lo que se plantea al abogado es la posibilidad de que se proceda a informar al cónyuge, y eventual víctima, de la situación en que se encuentra el cliente, dadas las consecuencias que pudieran emanar de ella, quebrando el secreto profesional. Se origina un conflicto de valores entre la intimidad y otros valores de tanta o mayor jerarquía, como son la vida o la integridad física de otra u otras personas, si bien es cierto que sólo hipotéticamente, ya que no sabemos si ciertamente se va a producir su lesión. Antes bien, sí conocemos que el derecho a la intimidad se va a ver afectado de modo indiscutible.

En el ordenamiento jurídico penal la quiebra del secreto profesional se halla tipificada en el artículo 199.2 del Código Penal cuando indica:

"El profesional que, con incumplimiento de su obligación de sigilo o reserva, divulgue los secretos de otra persona, será castigado con la pena de prisión de uno a cuatro años, multa de doce a veinticuatro meses e inhabilitación especial para dicha profesión por tiempo de dos a seis años".

No obstante, el mismo cuerpo legal sienta, como causa de exención de responsabilidad penal, el estado de necesidad. En el art. 20.5 se indica que no incurrirá en responsabilidad penal:

"*El que, en estado de necesidad, para evitar un mal propio o ajeno lesione un bien jurídico de otra persona o infrinja un deber siempre que concurran los siguientes requisitos: Primero. Que el mal causado no sea mayor que el que se trate de evitar*

Segundo. Que la situación de necesidad no haya sido provocada intencionadamente por el sujeto.

Tercero. Que el necesitado no tenga, por su oficio o cargo, obligación de sacrificarse.".

En consecuencia, en un supuesto como el planteado se debe examinar si se dan los requisitos precisos para poder enmarcarlo dentro de los contornos del estado de necesidad. La doctrina mayoritaria[44] razona que el estado de necesidad se justifica cuando el sujeto que lesiona el bien jurídico está en una tensión personal extrema. En este contexto, la ley no podría reprochar que haya hecho prevalecer sus intereses propios (sus más profundas convicciones morales) sobre los intereses ajenos. En principio, la doctrina mayoritaria no vería inconveniente para deducir que sí, ya que el bien jurídico *intimidad* entra en ponderación y confrontación con los valores *integridad física* y *vida*, pero la eventualidad, la posibilidad (o no) y la inminencia (o no) del acto lesivo dejan un margen amplio de actuación al profesional jurídico[45].

3.4. Otros métodos de desobediencia

Si cambiamos de hipótesis, existen otros métodos de desobediencia. Consideremos, por ejemplo, este escenario del Derecho de Familia[46]:

El abogado A representa a un marido en un proceso de divorcio. En el curso de la investigación, se entera de información embarazosa sobre la esposa que el marido no

---

[44] Videre Baldó Lavilla, F. (1994, pp. 123 y ss); Pérez Ferrer (2006, p. 73); Tomás-Valiente (2009, pp. 88 y ss). Jiménez Segado (2022, pp. 108-9) analiza las situaciones de necesidad que justificarían o disculparían la revelación del secreto profesional: *"a) La evitación de la condena de un tercero inocente, siempre y cuando con la revelación no se propicie la condena del propio cliente, en cuyo caso resultaría difícil apreciar la eximente completa. b) La necesidad de defenderse de acusaciones del cliente o de acciones civiles, penales o disciplinarias, porque el secreto profesional no puede exigir la asunción de una culpabilidad inexistente. c) La revelación que redunda en beneficio del cliente"* (…)

[45] Nos encontraríamos, según la mayoritaria doctrina de la "teoría de la diferenciación" (frente a la minoritaria "teoría unitaria"), en un estado de necesidad justificante, cuando el mal causado es menor que el evitado, y exculpante cuando el mal causado es igual que el evitado. Videre Cobo del Rosal y Vives Antón (1999), Cerezo Mir (1995 y 1998) y Cuerda Arnau (1997). *"(…) existe cierto consenso en entender que el estado de necesidad implica la existencia de un conflicto objetivo e ineluctable entre dos bienes, en circunstancias tales que la salvaguarda de uno de ellos requiere la lesión o la puesta en peligro del otro. Las discrepancias comienzan cuando se trata de fijar el contenido y alcance de aquellos requisitos a los que no todos atribuyen el mismo significado"* (Cuerda, p. 190).

[46] Esta hipótesis es una variante de Gillers (1992, p. 32).

conoce. El abogado A podría utilizar la información para ayudar al marido a obtener la custodia de los hijos, pero el abogado A sabe que el marido no quiere la custodia. Revelar la información ante el tribunal eventualmente perjudicaría gravemente la relación de la esposa con los hijos, aun cuando podría ser útil desde un punto de vista estrictamente procesal. El abogado podría transaccionar con la esposa, con reclamar la custodia y revelar la información si no reduce sus exigencias económicas. Sin embargo, el abogado A no cree que perjudicar a los hijos de esta manera sea coherente con sus creencias fundamentales.

El artículo 12 del Código Deontológico, bajo el epígrafe de las relaciones con los clientes, reza:

"*8. Se asesorará y defenderá al cliente con el máximo celo y diligencia asumiéndose personalmente la responsabilidad del trabajo encargado sin perjuicio de las colaboraciones que se recaben. Siempre se deberá intentar encontrar la solución más adecuada al encargo recibido, debiéndose asesorar al cliente en el momento oportuno respecto a la posibilidad y consecuencias de llegar a un acuerdo o de acudir a instrumentos de resolución alternativa de conflictos.*

9. Mientras se esté actuando para el cliente se está obligado a llevar el encargo a término en su integridad, gozando de plena libertad para utilizar los medios legítimos y los que hayan sido obtenidos lícitamente"

El anterior Estatuto General de la Abogacía Española, de 2001, establecía como obligaciones del Abogado para con la parte por él defendida,

"*además de las que se deriven de la relación contractual que entre ellos existe, la del cumplimiento con el máximo celo y diligencia y guardando el secreto profesional, de la misión de defensa que le sea encomendada, atendiendo en el desempeño de esta función a las exigencias técnicas, deontológicas y morales adecuadas a la tutela jurídica de cada asunto*". (art. 42)

Precisaba asimismo el Estatuto General, "*que el Abogado realizará diligentemente las actividades que le imponga la defensa del asunto confiado*". La diligencia debida debe ceñirse al respeto de la *lex artis* (reglas del oficio), esto es, de las reglas técnicas de la abogacía comúnmente admitidas y adaptadas a las particulares circunstancias del caso (*lex artis ad hoc*)[47]. En este caso, el abogado A está en posesión de información que el cliente no

---

[47] Sentencia núm. 375/2021, de 1 de junio: "*El cumplimiento de las obligaciones asumidas por el letrado requiere que sean prestadas con sujeción a la diligencia exigible según la naturaleza del asunto y circunstancias concurrentes. En todo caso, el patrón de conducta para juzgar el cuidado debido no es el paradigmático de un buen padre de familia (art. 1719 II CC), sino el propio de una diligencia profesional, que exige actuar mediante la utilización de los medios necesarios para velar por los intereses asumidos, con la pericia y cuidado debidos y con sujeción a las exigencias técnicas correspondientes*".

tiene. ¿Exigirían las normas deontológicas que el letrado comunicara la información al marido, su cliente, y le permitiera tomar la decisión sobre el curso de conducta adecuado o la *plena libertad* permitiría al abogado actuar de modo autónomo[48]? ¿Podría decirse también que el *máximo celo y diligencia* exigen que el abogado emplee realmente cualquier información relevante para la defensa de su cliente?[49] En esta hipótesis, sin embargo, el abogado A tiene la capacidad de ocultar la información al marido, actuando de manera totalmente independiente, con la "plena libertad" impidiéndole de hecho a su cliente elegir la conducta "no ética". No debemos olvidar que la independencia es, para el abogado, no solo un derecho, sino también un "deber" (también frente al cliente) y permite rechazar las instrucciones que pretenda imponer el cliente[50]. La independencia del abogado constituye, como se vio, un "valor fundamental", y la cuestión que limita la existencia de la objeción de conciencia planteada *ab initio*.

Otra posibilidad para el abogado A es que revelare la información al marido, para que tome este la decisión, pero no le ofrezca asesoramiento sobre la posibilidad de demandar la custodia de los hijos, la cual no constituía la intención inicial del marido. ¿Se alejaría el abogado de una "*conducta profesional íntegra, honrada, leal, veraz y diligente*" (artículo 4 del Código Deontológico)? ¿Podría suponer un supuesto de negligencia profesional?

---

[48] Pepper (1986) defiende la autonomía del cliente por encima de la independencia o "plena libertad" del abogado. Luban (1986, p. 639), en cambio, defiende el "diálogo moral" entre abogado y cliente, en una suerte de decisión compartida: "*Es bueno, deseable que yo [el cliente] sea quien tome la decisión sobre si mentirte o no; es malo, indeseable, que yo te mienta*". Luban introducirá la "prerrogativa lisístrata", como contrapoder del letrado: negarse a prestar servicios a un cliente que pretende llevar a cabo una acción que el abogado juzga inmoral, de manera análoga (de ahí el título de su artículo) a la Lisístrata de Aristófanes. La doctrina del "diálogo moral" (moral discourse) en las relaciones entre el abogado y cliente fue introducida por Shaffer (1979, p. 247): "*The object of law office discourse as moral discourse is to serve the goodness of the client, and many of us feel that there is more to goodness than autonomy*".

[49] En tal sentido operaría el literal del artículo 12.2 j del Código Deontológico: "*Se debe poner en conocimiento del cliente: Todo dato o hecho que le conste en relación con el asunto, siempre que no conlleve vulneración del secreto profesional y que pueda incidir en el resultado*".

[50] Artículo 2 Código Deontológico (2019):
   "*Independencia*
1.La independencia de quienes ejercen la Abogacía es una exigencia del Estado de Derecho y del efectivo derecho de defensa del justiciable y de la ciudadanía por lo que constituye un derecho y un deber.
2. Para poder asesorar y defender adecuadamente los legítimos intereses del cliente, debe mantenerse el derecho y el deber de preservar la independencia frente a toda clase de injerencias y frente a intereses propios o ajenos.
3. La independencia debe ser preservada frente a presiones o exigencias que limiten o puedan limitarla, sea respecto de los poderes públicos, económicos o fácticos, de los tribunales, del cliente, sea respecto de los colaboradores o integrantes del despacho.
4. La independencia permite no aceptar el encargo o rechazar las instrucciones que, en contra de los propios criterios profesionales, pretendan imponer el cliente, los miembros de despacho, los otros profesionales con los que se colabore o cualquier otra persona, entidad o corriente de opinión, debiendo cesar en el asesoramiento o defensa del asunto cuando se considere que no se puede actuar con total independencia, evitando, en todo caso, la indefensión del cliente".

¿Podría *"defraudar la confianza del cliente?"* (Art. 4). ¿Sería una *"correcta práctica profesional"* (art. 3.5)? Curiosamente, el Código Deontológico aborda la responsabilidad civil del abogado, en su artículo 20, pero no aborda los supuestos de negligencia profesional ni de mala praxis. En este caso concreto, a pesar de verificarse la impericia o negligencia del abogado, defraudar la recíproca confianza o no llevar a cabo una correcta práctica profesional, podría ocurrir incluso que el interés del cliente fuera satisfecho, pues en ningún momento el marido pretendió la custodia de sus hijos[51]. David Luban llama a esta actitud profesional "paternalismo":

"La cuestión se centra en la manipulación de parte del abogado, del caso o el cliente, por el bien del propio cliente. O bien, lo que el abogado considera el bien del cliente, aunque el cliente no tenga la misma opinión. A esto se lo conoce como paternalismo"[52].

3.5. Algunos límites de las opciones éticas

En la mayoría de las jurisdicciones, no solo la española, los códigos profesionales son normas adoptadas legalmente que los abogados y otros profesionales deben obedecer. En general, el derecho reconoce pocas excepciones que permitan directamente a las personas hacer caso omiso de los requisitos legales. Entre ellas se incluyen los estados de necesidad y las causas de justificación en el derecho penal, la excepción de alteración sobrevenida a las circunstancias a los requisitos contractuales, la excepción de los intereses superiores de terceros, los deberes de lealtad[53] de los administradores mercantiles y agentes, y las respuestas de los objetores de conciencia basadas en sus convicciones morales y/o religiosas.

Las defensas en el orden jurisdiccional penal no presentan, en su mayor parte, situaciones análogas a las que afrontan los abogados, con reparos morales, en otras

[51] En el *Digesto* romano había dos expresiones que compendiaban esta actitud: *"Invito beneficium non datur"* (A nadie se le hace un favor en contra de su voluntad). *Invitus nemo rem cogitur defendere.* (Contra su voluntad a nadie se le obliga a defender su negocio). Videre Segura, 2008, p. 77. Jiménez Segado (2022, p. 109) excluye la revelación del abogado en beneficio del cliente como causa de exclusión de la antijuricidad, *"dado que el profesional no tiene por qué 'hacer justicia' a su cliente cuando él no se lo ha pedido".*
[52] Luban, 2018, p. 6. En el ámbito jurídico de la Common Law es un tema recurrente: videre Murphy (1974), Fotion (1979), Husak (1981), Brock (1983), Dworkin (1983), Regan (1983), Wikler (1983), Hobson (1984). En España, Garzón (1988, pp. 155-173) también se plantea si es ético el paternalismo jurídico. Stuart Mill ya afirmaba en 1859 que: "[un miembro de una sociedad civilizada] *no puede correctamente ser obligado a hacer u omitir algo porque sea mejor para él hacerlo así, porque ello vaya a hacerlo más feliz, porque, según la opinión de los demás, hacerlo sería sabio o hasta correcto"* (Mill, 1978, p. 135).
[53] La lealtad del abogado al cliente viene regulada en el artículo 12, C 1, del Código Deontológico (2019) como *"principio fundamental de la Abogacía".*

jurisdicciones. El orden jurisdiccional penal y, también, la prejudicialidad penal (cuando, encontrándonos en un proceso civil, laboral o contencioso-administrativo, para su resolución es necesario que un juez o tribunal se pronuncie sobre la existencia o inexistencia de un hecho punible y/o la participación en él de determinada persona) implica un plus en el deber de diligencia por parte del letrado, que ha sido elevado a rango constitucional. El derecho de defensa, o derecho a designar abogado defensor en el proceso penal, se trata de un derecho constitucionalmente reconocido en el artículo 17.3 y 24.2 de la Constitución española, pero también en el artículo 767 de la Ley de Enjuiciamiento Criminal. El artículo 17.3, CE reconoce el derecho de asistencia letrada al "detenido" en las diligencias policiales y judiciales, como una de las garantías del derecho a la libertad protegido por el número 1 del propio artículo, mientras que el artículo 24.2 CE reconoce el derecho de asistencia letrada en el marco de la tutela judicial efectiva con el significado de garantía del proceso debido, y por tanto en relación con el "acusado" o "imputado". Se reconoce así en nuestra CE este derecho tanto al detenido como al acusado, pero se hace en distintos preceptos constitucionales garantizadores de derechos fundamentales de naturaleza claramente diferenciada, que impiden determinar el contenido esencial del derecho a la asistencia letrada en relación conjunta con ambos preceptos. La posibilidad de presentar "reparos morales" o "reparos religiosos" por parte del abogado parece, en este orden jurisdiccional penal, elevado a garantía constitucional, evidentemente menor que en los otros órdenes[54].

Del mismo modo, la excepción de orden público, como fundamento de la impugnación de los acuerdos sociales, no se centra en el sentido moral individual del accionista sino en perjuicios públicos específicos cuya realización la ley no facilitará mediante la aplicación de cláusulas contractuales[55].

El "orden público" en las normas españolas no deja de ser un "cajón de sastre" oponible a la aplicación del resto de las normas. Se invoca como una excepción en el Derecho Internacional, privado y público, pero no deja de ser un límite difuso, y político, a la autonomía de la voluntad. El concepto no aparece regulado en ninguna norma[56], luego es un concepto jurídico indeterminado, de construcción doctrinal y jurisprudencial, dinámico, que el posible objetor de conciencia que quiera ejercer su opción ética habrá de plantearse. ¿Es la convicción moral o religiosa del abogado, su conciencia, contraria al orden público?[57]

---

[54] Como ya se vio en el turno de oficio penal: *"Artículo 29. Especialidades del orden jurisdiccional penal. En el orden penal se aplicarán, además de las reglas contenidas en la presente Ley, las garantías previstas en la Ley de Enjuiciamiento Criminal con objeto de asegurar, en todo caso, el derecho a la defensa desde el mismo momento de la detención.* Ley 1/1996, de 10 de enero, de asistencia jurídica gratuita.

[55] La Ley de Sociedades de Capital, en su artículo 205.1, dispone que: la acción de impugnación no prescribirá ni caducará cuando *"tenga por objeto acuerdos que, por sus circunstancias, causa o contenido resultaren contrarios al orden público".*

[56] Siete veces aparece en el Código Civil, sin definir el concepto: artículos 1, 6, 12, 16, 21, 594 y 1255.

Es la misma excepción (la salvaguardia de la seguridad, de la salud y de la moralidad pública, elementos constitutivos del orden público protegido por la Ley en el ámbito de una sociedad democrática) que vimos anteriormente, en el artículo 3.1 de la LOLR, al ejercicio de los derechos dimanantes de la libertad religiosa, y que reconoce explícitamente la posible contradicción entre moralidad individual y moralidad pública, y entre la moralidad individual y "orden público", en el desarrollo del artículo 16 de la Constitución Española, que garantiza la libertad ideológica, religiosa y de culto de los individuos y las comunidades sin más limitación, en sus manifestaciones, que la necesaria para el mantenimiento del "orden público" protegido por la ley. [58]

3.6. La libertad de convicciones

"La libertad de convicción ha adquirido, en el ámbito constitucional y por lo que al sistema político español en materia religiosa se refiere, una doble perspectiva: como principio informador básico del sistema jurídico español, determinante del peculiar modelo de relación Estado-libertad de conciencia, la primera, y como un derecho subjetivo de naturaleza fundamental, la segunda." (vid. Viladrich, 1983).

Como se vio en el apartado anterior, la posibilidad de casos de objeción de conciencia, para el abogado, parece más frecuente en las manifestaciones del orden civil, contencioso o laboral que en el orden penal[59]. La libertad de convicciones ha sido configurada en nuestro Texto Magno como un derecho subjetivo de naturaleza fundamental que supone el reconocimiento de un ámbito de autonomía de los individuos y de los grupos en los que éstos se integran (STC 24/1982, de 13 de mayo, FJ 1), y por tanto, como un derecho frente

---

[57] *"La cuestión principal a tratar se centra en concretar qué es lo que cualquier ciudadano de a pie puede entender por "Orden Público", cuál es su contenido o componente esencial, y en qué manera esta figura puede influir legítimamente en el desarrollo y disfrute de los derechos que constitucionalmente le han sido atribuidos."* (Montalvo, 2010, p. 197)

[58] El Tribunal Constitucional señala que el *"respeto a los derechos fundamentales y libertades públicas garantizados por la Constitución es un componente esencial del orden público"* (cfr. STC 19/1985, de 13 de febrero, FJ 1º). Ello no obstante, podemos encontrar otras acotaciones sobre el orden público que resultan esclarecedoras por parte del citado Tribunal, así: *"El orden público no puede ser interpretado en el sentido de una cláusula preventiva frente a eventuales riesgos, porque en tal caso ella misma se convierte en el mayor peligro cierto para el ejercicio de ese derecho de libertad"* cfr. STC 46/2001, de 15 de febrero)."*Sólo cuando se ha acreditado en sede judicial la existencia de un peligro cierto para 'la seguridad, la salud y la moralidad pública, tal como han de ser entendidos en una sociedad democrática, es pertinente invocar el orden público como límite al ejercicio del derecho a la libertad religiosa y de culto"* (Ídem, F.J. 11º).

[59] En el apartado 2.2 se analizó la constricción del abogado del turno de oficio penal. En el apartado 2.3 se analizó la constricción del abogado sometido a relación laboral o relación de dependencia frente a un tercero.

al Estado y frente a terceros, de manera que se reconoce la facultad a toda persona a actuar en este campo con plena inmunidad de coacción por parte de los poderes públicos y de cualesquiera otra persona o grupo social. La CE de 1978, en su artículo 10.2, obliga a los poderes públicos a interpretar los derechos fundamentales de conformidad con la DUDH 1948. Dicha Declaración Universal consagra en su artículo 18, ya mencionado, el derecho de toda persona a la libertad de pensamiento, conciencia y religión. El artículo 1.2 de la Ley 48/1984, de 26 de diciembre, reguladora de la objeción de conciencia al servicio militar, completaba el término "convicción": *"motivos de conciencia en razón de una convicción de orden religioso, ético, moral, humanitario, filosófico u otros de la misma naturaleza"*, abriendo una enumeración no exhaustiva con la expresión "otros [órdenes] de la misma naturaleza".

La profesora Jericó Ojer se hace eco de la doctrina en la Common Law sobre el concepto de convicción moral "obligatoria", su contenido, tipología y relación con la conciencia individual. En cualquier caso, el problema se deriva a la medición de la "intensidad" moral[60], que habrá de hacer el abogado objetor que decida anteponer su ética individual a la deontología. Aunque la doctrina es diversa, el término "obligatoria" parece indicar una "intensidad moral plena" en la que:

"el imperativo procedente de la decisión de conciencia genera en el sujeto una obligación absoluta de realizar o de abstenerse de un determinado comportamiento, que, en caso de no cumplirla, provoca una afectación grave de su dignidad y personalidad" (Jericó, p. 77).[61]

La libertad de convicciones fue elevada a rango metaético por el sociólogo Max Weber, quien distinguía entre "ética de las convicciones" y "ética de la responsabilidad"[62]. En palabras del profesor Oro (2010, p. 62):

---

[60] Término acuñado por Thomas Jones, en 1991. Jones incluye al menos seis factores de medición de la intensidad moral: magnitud de las consecuencias, consenso social, probabilidad de efecto, inmediatez temporal, proximidad y concentración del efecto. Ya el padre del utilitarismo, Jeremy Bentham (1836, p. 8), en su clásica *Deontología,* se planteaba *"no siendo posible calcularla intensidad de una convicción sino por su influencia en las acciones"*. Clásica es la Teoría del Desarrollo Moral, de Kohlberg (1976), que incluye tres niveles y seis estadios. En el nivel postconvencional los individuos distinguen lo legal de lo moral y actúan en consecuencia (en contra de la ley, cuando se opone a la moral). Para Jakobs (2001), la conducta "causal o causalmente adecuada", para que no sea antijurídica, ha de presentar una "intensidad especial".

[61] Íbidem, p. 282: *"existe una lucha irresoluble entre el Derecho y la convicción del sujeto, lo que provoca una destrucción en el sujeto si no atiende a esta última.* En parecidos términos, Pérez de Valle (1994, pp. 106 ss) considera que para que pueda hablarse de actuación en conciencia es necesario que las convicciones hayan generado un deber concreto de actuación u omisión contra una determinada norma, ya que lo importante es que exista un comportamiento presidido por un deber moral, que es el que obliga a actuar.

[62] Weber (1958). A partir de su famosa conferencia *La política como vocación,* dictada en 1919, se

"Los que actúan inspirados por una ética de la convicción realizan, preferentemente, acciones racionales con arreglo a valores y los que actúan guiados por la ética de la responsabilidad, ejecutan, preferentemente, acciones racionales con arreglo a fines. Por tal motivo, se puede decir que la ética de la convicción es propensa al comportamiento obsecuente y a la rigidez y la ética de la responsabilidad es proclive al regateo y la flexibilidad".

4. El efecto sobre los abogados y el sistema jurídico de la objeción de conciencia de los abogados

4.1. Una aproximación a la moral consecuencialista[63].

En el apartado anterior se analizó la libertad de convicciones, y la escuela ética que pone su fundamento metaético, desde los planteamientos de Weber, en la convicción. Sin embargo, para el abogado, es imposible una ética de la convicción que no tenga en cuenta las consecuencias, ya que actuar en el foro es producir consecuencias jurídicas. La ética de la responsabilidad, ética teleológica o finalística, moral consecuencialista o consecuencialismo, se refiere a todas aquellas teorías de la ética normativa que sostienen que la corrección o incorrección de nuestras acciones está determinada por el valor o desvalor que ocurre debido a ellas. Para las teorías consecuencialistas, una acción se juzga correcta si genera el mayor bien posible o un excedente de la cantidad de bien sobre el mal. Así, en la visión consecuencialista, el buen actuar es el que maximiza los resultados, objetivamente, de valores dados axiológicamente por una metaética, siempre que los valores hagan referencia a un efecto en el mundo. Se distingue de la deontología en que esta última subraya la inquebrantabilidad de los deberes (*déon, déontos*, en griego), independientemente de los efectos. La distinción entre "efectos" y "deberes" es precisamente la que permite oponer doctrinalmente la ética teleológica a la moral profesional (y también a otras éticas, como la ética de la virtud), y hacer un cálculo, al menos aproximado, de las consecuencias de las acciones éticas rayanas en el incumplimiento de la deontología, en nuestro caso, de la actividad del abogado.

4.2. Los efectos de la objeción de conciencia manifiesta. Desafío público y manifiesto a las normas.

---

popularizó la distinción entre "deontologismo" y "consecuencialismo", o, en otras palabras, "ética basada en las reglas, o en los deberes" y "ética basada en las consecuencias".

[63] Videre Ríos (2021) para una aproximación al razonamiento jurídico consecuencialista, en un análisis de la obra de Neil MacCormick.

"EL CONFLICTO ENTRE DEONTOLOGÍA Y CONCIENCIA DEL ABOGADO"

En nuestro anterior análisis de las opciones de que disponen los abogados para poner en práctica sus convicciones básicas, destacamos varias categorías de actividades de objeción de conciencia.

En primer lugar, los abogados pueden participar de la objeción de conciencia manifiesta, incluida la violación o el desafío flagrantes de las normas deontológicas. La conducta, a su vez, puede subcategorizarse en conducta que es probable que se haga pública, como la denuncia de irregularidades en violación de las normas de confidencialidad, y conducta que el cliente puede reconocer como desafiante, pero de la que puede que el público nunca se entere, como presionar al cliente para que actúe de conformidad con la opinión del abogado sobre el comportamiento moral, en una suerte de proselitimismo ideológico.

La segunda categoría principal de actividad de los objetores de conciencia implica el desafío secreto. En esta categoría se incluyen las revelaciones anónimas, la manipulación de las normas éticas o simplemente la retirada del celo y diligencia ordinarios[64]. Los clientes advertidos pueden reconocer lo inusual de esta conducta, pero lo más frecuente es que no sea obvia para los clientes ni para los observadores.

Dado el abanico de alternativas abiertas a los abogados que oponen su conciencia a la deontología profesional, nos corresponde considerar los efectos de la aplicación de diferentes enfoques, desde una perspectiva consecuencialista.

Evidentemente, la decisión de desafiar las normas profesionales puede afectar al abogado individual y a su cliente. Pero también puede afectar a la sociedad en su conjunto, a los observadores del actuar del abogado, incluidos los futuros clientes de este abogado y de otros. Además, sus efectos secundarios pueden socavar los objetivos de las propias normas éticas.

Dado que los abogados objetores actúan principalmente para poner en práctica una elección privada, consideremos en primer lugar el efecto que el desafío abierto a las normas públicas de ética jurídica tiene sobre el propio abogado. La decisión de aceptar la responsabilidad por la conducta desafiante invita a los organismos disciplinarios, en primer lugar, los colegiales, a tomar medidas. Cuanto más visible sea la conducta, más puede obligar a la Comisión de Deontología de los colegios tomar medidas disciplinarias. Si los reguladores no aplican las normas, se corre el riesgo de sugerir al público que los reguladores están de acuerdo con la postura del abogado, o que los reguladores se ponen del lado de los abogados en contra de los clientes. Cualquiera de los dos resultados fomenta la desconfianza en las normas vigentes y en el régimen regulador, aun teniendo en cuenta el deber jurídico de no contrariar conductas propias pasadas[65]. Incluso en ausencia de

---

[64] El articulo 12.1.8 del Código Deontológico (2019) refiere: *"Se asesosará y defenderá al cliente con el máximo celo y diligencia"*. Sin embargo, el "celo y diligencia" también presentan "grados de desempeño", que pueden ser medidos. Videre Gan Bustos y Triginé (2013).

disciplina, es probable que los abogados objetores sufran efectos significativos en sus prácticas. Para bien o para mal, el desafío público a las normas, cuando se produce dentro de un proceso, en el ámbito de la disciplina procesal, provoca notoriedad, tanto en el tipo de negocio que el abogado puede esperar atraer (o dejar de atraer), como en su relación con los clientes[66].

Algunos clientes potenciales rehuirán a el abogado porque ya no confían en que mantenga la confidencialidad, o se atenga al paradigma convencional de la lealtad[67]. Otros clientes potenciales probablemente se sentirán atraídos por el abogado en virtud de sus aparentes normas éticas "más elevadas"[68]. Principalmente, estos clientes serán aquellos que

---

[65] La conocida como "doctrina de los actos propios": *"El principio de que nadie puede ir contra sus propios actos viene del Derecho Romano a través de las Partidas y es aplicado constantemente en el derecho público. Afecta este principio al derecho todo (…) Más aún, se ha dicho que la doctrina de los actos propios es una más de las múltiples derivaciones del principio de la buena fe"* (Gordillo, 2007, p. 268).

[66] González Carvajal (2019, p. 11): *"La valoración judicial del comportamiento de las partes dentro del proceso ha adquirido en los últimos tiempos un importante lugar en los estudios de derecho procesal. Particularmente desde una perspectiva probatoria la conducta de las partes ha alcanzado una notoriedad en cuanto a su relación con el llamado deber de buena fe procesal o también conocido como principio de moralidad procesal. En este sentido, se afirma que la conducta procesal de las partes que contraríe los imperativos abiertos e indeterminados que se deducen de la buena fe y moralidad procesal (entre ellos la colaboración), puede llegar a transformarse en elemento de convicción para que el juez decida el fondo de la causa"*. En un sentido diferente, la "notoriedad" es una estrategia de marketing que puede tener una dimensión ética cuando se pretende, por el abogado, alcanzar reputación. *"Notoriedad y reputación no son lo mismo, pero sí son sucesivos en la medida de que antes de alcanzar reputación es necesario ser notorio. Notoriedad es el objetivo de toda comunicación externa, es decir, dar conocer quiénes somos, en qué áreas del derecho asesoramos (…). Toda esa información ha de llegar a oídos de nuestro público objetivo, hemos de ser notorios, famosos para ellos en lo que hacemos"* (Méndez, 2013, p. 88)

[67] Código Deontológico (2019), art. 12 C 1: *"La lealtad hacia el cliente es principio fundamental de la Abogacía"*. Sin embargo, nos encontramos con otro concepto de valor axiológico dado por la metaética, que puede implicar eventualmente oponerse a la confidencialidad o el paradigma convencional de la lealtad, por ejemplo, cuando el discurso del cliente es intencionadamente falaz. De la Torre (2000, p. 298) estudia la lealtad del abogado con el cliente en el contexto de la obligación de decir la verdad: *"Unida a la lealtad está la obligación de decir la verdad Uno de los sentidos de la palabra verdad, el sentido hebreo, es fidelidad, lealtad. Por eso la lealtad está vinculada con la veracidad. Ésta es una obligación pues el proceso no es una "guerra" cuya victoria es para el más hábil y no para el que tiene razón. La mentira puede además desviar al juez de la verdad, de la exacta comprensión del supuesto e inducirle a dictar sentencia no conforme a la verdad, no conforme a la justicia. No hay que olvidar que el abogado es colaborador de la justicia y no puede recurrir a la mentira o a la artificiosa ocultación de la verdad.*

[68] Esta "superioridad moral" es una forma especial de ilusión positiva, que implica un sesgo de elección del abogado por parte del cliente. Videre Tappin BM y McKay (2017). La contravención del mandato de rol, por mor de la conciencia, sería visto por el cliente como un acto supererogatorio, lo cual conlleva implícita la idea de perfección moral. La "lealtad" al cliente como valor metaético, que proclaman las normas profesionales, superaría el deber positivo e implicaría "lealtad a los valores" morales profundos del cliente.

se ven a sí mismos reivindicando una postura moral a través de sus posiciones legales. Pueden considerar al abogado objetor, de su misma confesión religiosa o no, como una persona que probablemente se una a ellos como (leal) amiga y (leal) aliada moral[69].

En virtud del sesgo de endogrupo, los miembros de confesiones religiosas suelen elegir, para temas morales, la asistencia de letrados de su misma confesión. Consideremos, por ejemplo, los principios fundamentales de la UIJC[70], recogidos en su página web. Es fácil considerar que puede haber conflictos morales en el ejercicio de la abogacía, por un profesional católico, por disimilitud con las normas civiles. Los abogados católicos parecen estar regidos por valores axiológicos, y aun jurídicos, distintos a la moral convencional. Los "principios fundamentales" de la Asociación (que agrupa a las distintas asociaciones nacionales de juristas católicos) no incluyen explícitamente el respeto a las legislaciones nacionales, sino la "fidelidad al Evangelio", "enseñanza del Magisterio auténtico", "derecho natural", "derecho cristiano", "doctrina de la Iglesia", "concepción cristiana de la familia", "vida humana [desde] la concepción", etc. ¿Qué fenómeno ocurre en la conciencia del profesional católico cuando el "derecho natural" o el "derecho cristiano" no coincide con el "derecho nacional"?

- *"Apertura a los problemas generales y locales del mundo contemporáneo y a las soluciones que se propongan con fidelidad al Evangelio y a la Tradición de la Iglesia, a la luz de la enseñanza del Magisterio auténtico.*
- *Reconocimiento y respeto del derecho natural y cristiano, en justicia y caridad.*
- *Defensa y protección de la vida humana, de la concepción a la muerte natural.*
- *Afirmación de la dignidad eminente de la persona humana y recuerdo constante de sus deberes fundamentales y de los derechos que de los mismos derivan.*
- *Defensa y promoción de la concepción cristiana de la familia.*
- *Difusión de la doctrina y de la enseñanza social de la Iglesia, principalmente en el terreno jurídico, e indagación de los medios que aseguren su aplicación"*.[71]

---

[69] Desde la Psicología Social se llama a este fenómeno "sesgo de endogrupo". Videre Betancor et al. (2003). Desde el área del Marketing, los posibles clientes se conocen como "público objetivo". El Marketing jurídico se ha generalizado desde la promulgación de la Ley 34/1988, de 11 de noviembre, General de Publicidad. En el artículo 31 del Estatuto General de la Abogacía Española de 1982 se prohibía en todo caso hacer publicidad de los despachos de abogados ("*se prohíbe a los abogados: El anuncio o difusión de sus servicios, directamente o a través de medios publicitarios*"). La Ley 34/1988 estableció que la prohibición de la publicidad de los despachos de abogados iba en contra de la libre competencia. Actualmente, el Código Deontológico de 2019 afirma, en su artículo 6: "*se podrá realizar libremente publicidad de los servicios profesionales*".

[70] Los juristas católicos se agrupan internacionalmente bajo el paraguas de la Unión Internacional de Juristas Católicos, que tiene personalidad jurídica de la Santa Sede.

[71] Videre. Union International de Juristas Catolicos | CJCF | CathoJuris En el mismo sentido, la página web de la Santa Sede: "*La finalidad de la UIJC es la de contribuir al mantenimiento o a la introducción de los principios cristianos en la filosofía y en la ciencia del derecho, en la actividad legislativa, judiciaria y administrativa, en la enseñanza y en la investigación así como en la vida pública y*

Sean cuales sean los clientes que el abogado consiga atraer, si los clientes conocen el incumplimiento de las normas deontológicas por parte del abogado, es probable que esperen una conducta similar por parte del abogado en el futuro[72]. Así, por ejemplo, el abogado que ha disentido públicamente de un cliente debe esperar que los futuros clientes no le confíen secretos que temen pueda revelar. En general, es probable que los clientes confíen incluso menos en un abogado que antepone sus convicciones a la moral colectiva. Aun así, si los clientes temen revelar información al abogado, su cooperación puede verse limitada, no sólo por lo que no le digan directamente al abogado, sino también por la vacilación a la hora de transmitir información y hacer preguntas que puedan revelar hechos por sí mismas[73].

Además de los efectos de la objeción de conciencia pública sobre el abogado y el cliente, las actividades del abogado pueden afectar también al sistema jurídico-legal. Por su notoriedad, las actividades del abogado entran en la conciencia de los observadores legos del sistema jurídico, incluidos futuros clientes y otros abogados. Los observadores legos pueden llegar a cuestionar el impacto de las normas éticas y la aplicación de las normas. Esto, a su vez, afectará a su voluntad de confiar en los abogados y utilizar sus servicios profesionales[74].

Los demás abogados, ante situaciones análogas, se plantearán legítimamente si las normas tienen que cumplirse. Sobre todo, si la conducta desafiante a las normas evita el castigo, los demás abogados pueden sentirse libres de violar las normas ellos mismos, tanto por motivos morales como por simple conveniencia.

---

profesional. La Unión –abierta a los problemas generales y locales del mundo contemporáneo y a las soluciones que se propagan con fidelidad al Evangelio, a la Tradición de la Iglesia a la luz del Magisterio auténtico– trabaja para que el derecho natural y cristiano sean reconocidos y respetados con un espíritu de justicia y caridad; para la tutela de la vida humana, desde la concepción hasta la muerte natural; para la afirmación de la dignidad de la persona humana y de los derechos y deberes que se derivan de esto; para la defensa y la promoción de la visión cristiana de la familia; para la difusión y la actuación de la doctrina social de la Iglesia, sobre todo en el campo jurídico". (http://www.laici.va/content/laici/es/sezioni/associazioni/repertorio/unione-internazionale-dei-giuristi cattolici.html)

[72] Dentro de la doctrina de los actos propios y en virtud del principio de coherencia, que "implica fidelidad a una línea de conducta, o sea la continuidad de una serie de comportamientos, de actos, de palabras, que suponen el constante respeto de reglas y principios" (Astone, 2006, p. 38).

[73] El sociólogo Norbert Elías (2021) llama a esta respuesta "autocoacción" (p. 535) o "coacción del autocontrol" (p. 598) ["autoconstreñimiento", en otras traducciones].

[74] "Un cliente no estará satisfecho si percibe que el resultado que ha obtenido ha sido inferior a lo que esperaba. Se sentirá, en cierta medida, defraudado y ello puede tener más consecuencias aparte de abandonarnos. La investigación [en Marketing jurídico] muestra que un cliente insatisfecho transmite su insatisfacción a una media de 12 clientes, mientras que un cliente satisfecho lo hace sólo a 2 ó 3 personas" (Méndez, 2013, p. 89)

Un caso paradigmático de conveniencia *contra legem* es la aportación de documentación sensible de la contraparte en los procedimientos de Derecho de Familia, lo cual pudiere tener reproche penal. El Código Penal, en su artículo 199.2, recoge:

"2. El profesional que, con incumplimiento de su obligación de sigilo o reserva, divulgue los secretos de otra persona, será castigado con la pena de prisión de uno a cuatro años, multa de doce a veinticuatro meses e inhabilitación especial para dicha profesión por tiempo de dos a seis años".

Es frecuente en el orden civil familiar la aportación de documentación *sensible* de la contraparte (nóminas, patrimonio, papeles, cartas, mensajes de correo electrónico, datos laborales, datos personales, etc.) por parte de la asistencia letrada, sin respetar el bien jurídico *intimidad* de la contraparte. Sin embargo, es muy infrecuente que los jueces y fiscales en el orden civil familiar deduzcan testimonio de particulares para su remisión al Juzgado de Instrucción competente, por "divulgar los secretos de otra persona"[75]. Lo relevante para el presente trabajo es si el abogado actúa contra el mandato deontológico "en conciencia". El incumplimiento de la obligación de sigilo o reserva puede tener consecuencias jurídicas favorables para su cliente en el proceso, pues el juez tiene un mayor acervo probatorio y, por tanto, mayor probabilidad de acercarse a la verdad material.[76] Desde la óptica de la ética consecuencialista, el abogado de Familia, profundamente arraigado en sus convicciones, puede considerar que su acción *contra legem* es correcta, pues genera el mayor bien posible, o un excedente de la cantidad de bien sobre el mal, en beneficio de su cliente, y de sus hijos y familiares, y de la sociedad en su conjunto[77].

La objeción de conciencia pública puede provocar presiones para modificar las normas deontológicas. La evolución (y aplicación) de la Deontología Jurídica en los operadores del

---

[75] Al contrario, SAP de 10/06/2013, de Las Palmas, condenó a una abogada como autora de un delito de revelación de secretos del art. 199.2 CP, por hacer uso de determinada documentación personal y reservada de la excónyuge obtenida ilícitamente por su clienta, la esposa, en una vista de medidas provisionales. Antecedente de esta condena es la STS 302/2008, de 27 de mayo, la cual condena a dos letrados que hicieron uso de correos electrónicos de contenido sexual explícito que su cliente poseía, para chantajear a la hermana de éste, a fin de que desistiera de sus derechos hereditarios, so pena de revelar el contenido de los correos a su esposo.

[76] O, expresado de otra manera, la verdad procesal se aproximará más a la verdad material que una eventual sentencia que recogiera menor acervo probatorio, pues *"lo que interesa en el ámbito de la prueba jurídica son las pretensiones fácticas susceptibles de verificación y falsación empírica"* (Tuzet, 2021, p. 98).

[77] Y que no deja de ser una regla de inclusión o de convalidación de la prueba ilícita. la STC 22/2003, de 10 de febrero, recoge la regla de la buena fe, como excepción a la regla de exclusión de la prueba ilícita. En realidad, la regla de la buena fe se trata de un cajón de sastre, en el que puede encajar toda actuación irregular en el seno del procedimiento. *"La doctrina entiende que cuando se acredite que mantener el secreto profesional pueda lesionar gravemente los derechos del propio abogado (pues se produce en legítima defensa, en aplicación de la eximente regulada en el art. 20.4º CP), del propio cliente o de un tercero, es permitida su revelación".* (Andino, 2014, p. 163).

derecho depende de esta "actividad de conciencia"[78]. La atención de los medios de comunicación en torno a las actividades de los objetores puede servir de catalizador para el debate sobre la corrección de la conducta y las normas que la prohíben. Cuando esto ocurre, la actividad de conciencia, ejercitada a través del "activismo jurídico", pone de relieve los problemas y, a largo plazo, quizás induzca al cambio de la norma, de la verdad formal[79].

Por otra parte, el respeto de los clientes por el abogado, cuando se alinean con sus profundas convicciones morales o religiosas, puede aumentar, generando confianza en otras formas distintas a la de conceder confidencias. Esta confianza puede traducirse, tanto en una mayor confianza en los consejos del abogado, como en una mayor cooperación en el proceso[80].

---

[78] El Código Deontológico de 1995 —actualmente derogado— establecía, en su artículo 9.3, que *"el Abogado deberá abstenerse de poner en antecedentes a los medios de comunicación sobre juicios en los que intervenga, que puedan orientar la opinión pública en interés del propio Letrado"*. Sin embargo, este artículo se suprimió y actualmente no hay ninguna mención a la actuación del letrado defensor frente a los medios de comunicación. Por lo que, podríamos señalar que no hay ninguna norma deontológica que regule la actuación de los letrados defensores frente a este reto. Es un ejemplo de cómo la acción combinada de la nueva conciencia de los abogados sobre el derecho de defensa, y la atención de los medios de comunicación, como garantes de la libertad de información, decantaron la evolución de la Deontología profesional.

[79] El "activismo jurídico" es una toma de conciencia que se incorpora al activismo más amplio del movimiento social. Por ejemplo, en EE.UU., las actividades de los manifestantes contra el servicio militar obligatorio en la década de 1960 ayudaron sin duda a movilizar la oposición a la guerra de Vietnam y, en última instancia, condujeron a la abolición del servicio militar obligatorio. El "activismo jurídico" se opone al "conservadurismo jurídico" o "formalismo jurídico". *"El paragdima tradicional, el formalismo jurídico, no ha sido erradicado, pero sí ha sido superado y ya la verdad no es el polo de atracción en las decisiones judiciales"* (Dueñas, 2004, p. 38).

[80] Por la influencia del inglés es común confundir los términos "confidencia" y "confianza", ya que ambos son equivalentes de "confidence"; sin embargo, sus usos son muy diferentes. Una confidencia es un "secreto" o "comunicación privada" que puede tener carácter personal o no. La confianza es un valor metaético, del que se exige reciprocidad con el cliente en el artículo 4 del vigente Código Deontológico (2019). Un cliente que conociere las excepciones a la obligación de guardar secreto del abogado puede tener confianza absoluta en su abogado, y no revelarle confidencias. Videre notas 44 y 77. El respeto al secreto profesional también está en entredicho para los abogados de empresa y los abogados tributarios. El Tribunal de Justicia de la Unión Europea sentó en 2010 doctrina en la sentencia del caso *Akzo Nobel Chemicals Ltd y Akcros Chemical Ltd vs. European Commission*, [TJUE-C-550/07 P. Sentencia (Gran Sala) de 14 de septiembre de 2010, par. 40-41] al establecer que, para los abogados de empresa no existe secreto profesional, por lo que están obligados a declarar sobre los hechos que conozcan, simplemente bajo el argumento de estar sujetos a una relación laboral que impediría su independencia. La Directiva DAC 6, traspuesta a la Ley General Tributaria por Ley 10/2020, de 29 de diciembre, establece la obligación por parte de los intermediarios fiscales (asesores, abogados, gestores o instituciones financieras) de declarar las operaciones que puedan considerarse como planificación fiscal agresiva en el ámbito internacional.

4.3. Objeción de conciencia no pública pero manifiesta

No siempre, ni mucho menos, el abogado ético hace ejercicio de activismo jurídico; no siempre, ni mucho menos, se manifiesta públicamente como persona de fuertes convicciones morales, más allá de lo que ocurre en su fuero interno, ni tampoco suele hacer declaraciones *contra legem* en el foro. Muchos de los efectos del desafío no público, pero manifiesto a las normas, se hacen presentes sólo cuando el cliente, *intuitu personae,* conoce la conducta del abogado. Por ejemplo, cuando un abogado presiona a un cliente para que acepte su consejo moral o se enfrente a las consecuencias morales de la revelación de una confidencia, la confianza del cliente y su voluntad de confiar se verán afectadas, pero los efectos más amplios, sobre los observadores externos, sobre otros posibles clientes, sobre otros abogados y, en general, sobre la sociedad en su conjunto, probablemente no se harán evidentes; el resto de participantes en el sistema no conocerán la objeción de conciencia del abogado, pues no habrá una rebeldía pública, desde la ética privada, a los mandatos deontológicos, y, en consecuencia, podemos presumir que no habrá una evolución de la Deontología Jurídica ni un cambio social como fruto de su actuación.

El abogado que contrapone sus normas éticas individuales profundas sobre las normas deontológicas, fuera del foro y solo en la intimidad de la relación con el cliente, de modo manifiesto, pero no público, puede tener una sensación de gratificación moral inmediata. Puede obtener los resultados que desea sin comprometer su rol social. Sin embargo, esta gratificación conlleva inevitablemente una pérdida de definición de su rol[81]. El Estatuto General de la Abogacía (2021) no define la función social de la Abogacía, pero prescribe que hay que cumplirla[82]. Vendría a ser una dimensión externa y pública de su actividad, de su rol en la sociedad, asociada al hecho de que el abogado ha de ser un buen servidor (público) de la Justicia más que un confidente (privado) de su cliente[83]. La primera línea del preámbulo del Código Deontológico (2019) establece una relación directa entre la función social y las normas deontológicas[84] pero, si el abogado no hace "ejercicio del rol" en la dimensión pública y externa de su actividad, asumiendo la dimensión social de la profesión,

---

[81] *"De una forma similar a como ocurre con las normas religiosas, el ejercicio profesional del abogado exige diferir la gratificación ética de sentir que lo que hace está bien a una instancia sumamente remota".* (Anzola, 2019, p. 74)

[82] *"Artículo 17. Intervención profesional obligatoria. En garantía de la defensa de los derechos y libertades y en cumplimiento de la función social de la Abogacía, los profesionales de la Abogacía deben realizar las intervenciones profesionales que se establezcan por ley"*

[83] Ancos, 2013, p. 24: *"El abogado tiene obligaciones no sólo frente al cliente, sus compañeros, el Colegio, y con la propia Administración de Justicia, sino también frente a toda la Sociedad. De ahí que pueda hablarse de una dimensión externa de la profesión de abogado, concretada en su función social, y una dimensión interna, atinente a las relaciones del abogado con sus clientes, con otros abogados, con el Colegio y con los Tribunales".*

[84] *"La función social de la Abogacía exige compilar las normas deontológicas para regular su ejercicio".*

el *homo ethicus* no queda desarrollado. Siguiendo el paradigma de la ética teleológica, el abogado limita las consecuencias éticas de sus actos, al circunscribirlo a la relación binaria con el cliente, y su acto, con intencionalidad ética evidente, no es inmoral, pero es incompleto.

Adicionalmente, el abogado que actúa en conciencia manifiesta pero no pública, puede perder la capacidad de confiar en los códigos éticos como referencia para definir su conducta futura, pues se pierde la "congruencia moral"[85]. Cuando el mandato de conciencia es contrario al mandato de las reglas no hay oposición al código, sino a la norma concreta, a su aplicación al caso particular. Los activistas, insumisos y desertores al servicio militar, en el ejercicio de la objeción de conciencia, no se oponían a la existencia del Código Penal, ni a la aplicación del Derecho Penal a los delincuentes, sino que, en la calle y en el foro, hacían pública su cláusula de conciencia individual con respecto a dos concretos tipos penales (la insumisión y la deserción). Fue su actitud de "congruencia moral" en el desafío público y manifiesto a la norma concreta lo que permitió la derogación, en el año 2002, de los artículos 527 y 604 del Código Penal.[86]

Cuando la objeción de conciencia, no pública, se deriva de un credo moral muy específico que se limita a un número finito de situaciones - por ejemplo, "no matarás" - la posibilidad del abogado de hacer futuros juicios morales independientes de las normas profesionales será limitada. El principio del bien común y la función social de la Abogacía operan como valores metaéticos frente a las éticas particulares[87]. Si, en la perspectiva consecuencialista, los resultados previsibles de las acciones son relevantes para el juicio ético, el bien común es siempre mayor que el bien individual, con lo que queda poco margen de actuación a la conciencia individual *contra legem*. Cuanto más general sea el imperativo moral por el que se rige el abogado - por ejemplo, "no matarás[88]" -, habrá

---

[85] Es decir, las discrepancias entre la conducta moral y el razonamiento moral. Espinosa y Clemente (2011, p. 178), siguiendo a Kohlberg (1976): *"Una explicación simple de la discrepancia entre conducta y juicio es que las conductas morales acarrean mayores consecuencias que los juicios morales. Por lo tanto, según esta explicación, cualquier discrepancia entre juicio y conducta se debe a los intereses personales del actor, es decir "del dicho al hecho hay un buen trecho".* En la nota 72 se referencia el principio de coherencia, dentro de la doctrina de los actos propios.

[86] Ley Orgánica 3/2002, de 22 de mayo. BOE 23/05/2022.

[87] *"La esencia de la ética es el principio del bien común y del mismo modo, la Justicia se identifica en la profesión de abogado con el bien común, con el interés público"* (Ancos, 2013, p. 24)

[88] Este es quinto Mandamiento de la Ley de Dios para judíos y cristianos, como fuerte convicción religiosa alegada usualmente en la objeción de conciencia. Sin embargo, no hay consenso, siquiera entre los creyentes sobre el contenido del precepto moral y, mucho menos, su aplicación concreta a la objeción de conciencia. Por ejemplo, y como publicó el periódico Clarín en su página web, en una sociedad democrática y multicultural como la estadounidense, el 72% de los evangélicos blancos apoyan la prohibición total del aborto (frente al 42% de los católicos estadounidenses). Videre https://www.clarin.com/mundo/aborto-unidos-evangelistas-euforicos_0_V8XDxUnNUF.html (27/06/2022). Refiriéndose a los objetores de conciencia al servicio militar en el tardofranquismo, ya el procurador en Cortes, y falangista católico, Blas Piñar, reseñaba: *"Esta actitud, humilde en muchos casos,*

mayores posibilidades de interpretación *secundum legem*, que, desde una perspectiva consecuencialista, contribuye al bien común.

Una ramificación secundaria, pero importante, de la incapacidad del abogado para cohonestar las normas éticas individuales con el imperativo moral del código deontológico es la dificultad, concomitante para el abogado, de definir honestamente su papel para los clientes. El abogado que no ha hecho un desafío público de conciencia, siguiendo sus mandatos religiosos o morales, presumiblemente querrá ser una "buena persona", una "persona moral". ¿Cómo va a explicar ese abogado las obligaciones profesionales de confidencialidad, lealtad y celo al tiempo que deja clara su propia voluntad (o la posibilidad) de apartarse de esas obligaciones? Cuando se ha hecho un desafío público de conciencia, la expectativa del cliente viene reflejada, por el principio de coherencia en los actos propios, en la experiencia pasada del abogado, diríamos que no hace falta más explicaciones. El abogado ha demostrado pública, notoriamente, con riesgo de sanción colegial o jurisdiccional, su convicción moral y sus principios, pero cuando la confidencia es, aun manifiesta y clara, privada, binaria, no pública, solo para el cliente y no para la sociedad, no solo es la postura del *homo ethicus* incompleto, sino que su actitud puede producir perplejidad en el cliente.

A un nivel más amplio, la pérdida de definición no puede sino afectar al propio sentido del papel del abogado. Puede prometer ser fiel a sus creencias religiosas y convicciones morales e intentar ser un "buen abogado". Pero una vez que las normas profesionales pasan a ser sólo exhortativas para su propia conducta, o los mandatos deontológicos son vagos e imprecisos y tienen muchas reglas de excepción ¿qué le permite determinar qué normas seguir y cómo? ¿No sería más honesto trasladar la objeción ética a un tercero, en una suerte de "dirección espiritual" preventiva, antes que la acción del tercero fuere, necesariamente, punitiva? Este oficio ético *ex ante,* encomendado eventualmente al Colegio, podría dar sentido a los períodos de "información previa" que, actualmente, según el Estatuto General de la Abogacía (2021), solo pueden preceder a los procedimientos disciplinarios[89].

Estos son algunos de los efectos para el abogado. Para el cliente y el sistema, la insistencia del abogado en anular los mandatos deontológicos, los "mandatos de rol", pueden tener efectos instrumentales sobre el propio asunto jurídico. Así, por ejemplo, si el abogado socava los mandatos de confidencialidad, aun legítimamente en los casos de excepción al secreto profesional, minando la confianza del cliente con una posible divulgación de confidencias, el cliente puede tener que modular sus comunicaciones, de tal modo que la abogacía no sea completa y, en ocasiones, imperfecta. Del mismo modo, cuando el abogado renuncia a la defensa, por motivos de conciencia, parece prejuzgar al cliente y, en cualquier caso, puede condicionar la asistencia letrada del compañero sustituto.

---

de los Testigos de Jehová, se convierte en los católicos en actitud subversiva" (Piñar, 1971, p. 12)

[89] 133.3. *"Con anterioridad al acuerdo de iniciación, el órgano competente podrá abrir un período de información previa con el fin de determinar si procede o no iniciar el procedimiento sancionador".*

La renuncia del abogado es una decisión cuasi libérrima, que forma parte del núcleo duro de los deberes profesionales. Sin embargo, cuando prejuzga la actividad del cliente, para tomar la decisión en el foro de renunciar a la defensa, moralmente se convierte en órgano instructor del verdadero órgano jurídico al que corresponde el enjuiciamiento. El tribunal sentenciador tiene que escalar la cumbre moral que el abogado ha levantado sobre su cliente y, en el caso de absolverlo de un *petitum* condenatorio, desmontar las razones no manifestadas por el letrado para la abdicación, fundada o no, del derecho de defensa o de representación legal. La renuncia, en este sentido, no solo puede ir en detrimento de la defensa adecuada, del artículo 24 de la C.E., y de la que depende el sistema jurídico para obtener los resultados adecuados[90], sino que puede ser en, muchas ocasiones, bajo la respetabilísima apariencia de moralidad profesional, la salida fácil e inmoral para no asumir un inequívoco mandato ético.

4.4. Aplicación secreta de la objeción de conciencia. La reserva mental

Consideremos ahora los efectos de la objeción de conciencia que sólo el propio abogado conoce. Nos encontraríamos con una comunicación entre el abogado y el cliente, con restricción mental amplia por parte del letrado[91], quien sin embargo no tiene conciencia de faltar a su deber de lealtad. La restricción mental amplia es un ejercicio de adecuación lingüística, usual en la vida cotidiana, y que constituye un modo convencional, aun atípico, de expresar la verdad, por lo que no puede incurrir en antijuricidad ni en sanción moral.

Los informes que contienen valoraciones profesionales vienen dirigidos exclusivamente al "cliente afectado" en virtud del artículo 12 del Código Deontológico[92]. La "probabilidad" de los resultados y la "estimación" de las consecuencias económicas de un asunto, junto con la plena independencia en el actuar profesional del abogado, deja un amplio margen en la relación de comunicación del abogado para con el cliente. ¿A partir de qué "probabilidad" (concepto matemático que no pertenece al saber técnico de la profesión) y con qué criterios de cálculo debe aconsejar un abogado a un cliente, sin faltar a la verdad, acudir a un procedimiento judicial para la defensa de sus intereses?

La restricción mental puede incluir la manipulación de las normas profesionales para justificar la toma de decisiones. El "máximo celo y diligencia" en el asesoramiento y

---

[90] En las notas 44, 77 y 80 se pueden ver algunas excepciones al secreto profesional.

[91] *"La restricción mental se propuso dentro de la moral católica tradicional como un recurso último para ocultar información sin mentir"* (Drake, 1997, 341). El concepto de "restricción mental amplia" lo tenemos en Davis: *"(...) las palabras empleadas pueden expresar y, de hecho, expresan la verdad tal como se halla en la mente del hablante y tal como podría ser colegida de las circunstancias, y porque el oyente podría entender las palabras en su significaado pretendido si tuviera el sentido para hacerlo, por lo que el hablante no dice mentir"* (Davis, 1946, p. 414).

[92] Art. 12.A.7: *"Sólo podrá emitir informes que contengan valoraciones profesionales sobre el resultado probable de un asunto, litigio o una estimación de sus posibles consecuencias económicas, si la petición procede del cliente afectado quien, en todo caso, deberá ser el exclusivo destinatario".*

defensa del cliente implicará siempre una defensa de sus intereses hasta las últimas consecuencias y, por ende, al margen de la probabilidad y estimación de las consecuencias económicas, el consejo, concomitante y plenamente consecuente, de la máxima litigiosidad. Solo excluyendo el mandato deontológico de valorar probabilidad y costes se puede defender al cliente con el máximo celo y diligencia, y *"llevar el encargo a término en su integridad"*.

La restricción mental puede implicar actuar con menos celo que el pleno en nombre del cliente, y aun contra su criterio (cuando, por ejemplo, para la estimación del abogado, los costes son inasumibles en la economía del cliente), hacer revelaciones anónimas o públicas en beneficio del cliente, y aun contra su criterio (cuando, por ejemplo, se divulga en un medio de comunicación el asunto, para generar opinión pública favorable) u ocultar información a los clientes que podría hacer que éstos tomaran decisiones contrarias a la estragegia de actuación profesional, procesal o extraprocesal, del abogado.

Ya hemos señalado las ramificaciones personales para un abogado que renuncia al anclaje moral de los códigos profesionales. Sin embargo, la objeción de conciencia secreta tiene varios efectos adicionales. Con la restricción mental amplia, el abogado se erige en árbitro último de la moral, propia y del cliente. A diferencia de lo que ocurre con la conducta manifiesta, nadie (tribunales, reguladores o clientes) puede estar en desacuerdo con la conducta e imponer consecuencias. Al otorgarse a sí mismo el poder de decisión, el abogado socava no sólo la autonomía moral del cliente, sino también el diseño del sistema disciplinario.

El efecto psicológico de esta conducta probablemente variará entre los distintos abogados. Algunos pueden extraer la lección de su ejercicio del poder (moral) de que las normas profesionales son realmente sólo exhortativas. Otros pueden hacer todo lo posible por seguir las normas profesionales en otras situaciones, como medio de restablecer su propio sentido de la moralidad de rol.

El desafío secreto de las normas ofrece una ventaja sobre la objeción de conciencia manifiesta. En cuanto a los clientes y observadores legos, no conocerán la "mala conducta" específica del abogado. En ese sentido, el secreto tiene sus ventajas. El desafío secreto no cuestiona directamente el régimen de regulación deontológico de la profesión de abogado. Tampoco fomenta conductas similares, ni la falta de respeto por las normas profesionales por parte de otros abogados. En efecto, permite a la sociedad lograr lo que puede ser un buen resultado, en un caso individual, sin exigir el reconocimiento de una excepción la norma.

Al mismo tiempo, los efectos externos negativos del incumplimiento secreto de las normas son probablemente más importantes que los de la objeción manifiesta. En la medida en que las normas profesionales promueven un resultado instrumental, el desafío secreto socava ese objetivo. El coste para la autonomía del cliente es patente, y la objeción de conciencia secreta puede contribuir a la imagen general del público de una abogacía ineficaz o desleal, que existe incluso cuando el público no puede atribuir su sensación, o imagen, a una conducta específica. Sin embargo, tal vez lo más importante es que la rebeldía secreta impide que el sistema jurídico juzgue la validez de la conducta del abogado. Como consecuencia, no puede desarrollarse un derecho positivo para situaciones similares. Tampoco los organismos disciplinarios podrán formular normas para otros abogados. A diferencia de los abogados que adoptan una postura pública, el objetor privado no proporciona ninguna base, ni es catalizador para modificar o modular las normas profesionales, excesivamente rígidas, vagas o imprecisas, que prohibirían positivamente su conducta.

La restricción mental amplia entra en el derecho positivo a través de la "reserva mental", institución desarrollada ampliamente en la doctrina del derecho matrimonial[93]. La reserva mental del abogado es de índole distinto al consentimiento matrimonial; no dejaría de ser un vicio de la voluntad, cuando se deseare cosa distinta a la voluntad declarada, aun cuando no puidiéramos predicar, con carácter general, su ilicitud. La voluntad interna, no declarada, por parte del Letrado no tiene como finalidad, *prima facie,* perjudicar al cliente, sino cohonestar sus más altas convicciones morales y religiosas con las normas deontológicas, actuando con plena independencia. El artículo 1281 del Código Civil parece permitirla, en la interpretación de los términos de un contrato, y el arrendamiento de servicios entre cliente y abogado no deja de ser un contrato negocial:

"Si los términos de un contrato son claros y no dejan duda sobre la intención de los contratantes, se estará al sentido literal de sus cláusulas.

Si las palabras parecieren contrarias a la intención evidente de los contratantes, prevalecerá ésta sobre aquéllas".

Conclusiones

Al principio del presente trabajo, se pretendían cinco objetivos, entre general y secundarios, y todos ellos han podido ser cumplidos a lo largo del mismo. El trabajo aborda un marco conceptual de eventuales casos de conflicto entre conciencia y deontología profesional en el abogado, analizando el derecho a la objeción de conciencia en el sistema legal español; examinando los códigos deontológicos y, en especial, las normas deontológicas de la profesión de abogado, en el sistema legal español; señalando posibles

---

[93]   *"Circunstancia que concurre en el matrimonio cuando se comprueba en cualquiera de los contrayentes una discordancia, mantenida conscientemente, entre el querer interno y el querer manifestado en la celebración"* (Pérez, 2011, p. 62).

discrepancias entre las convicciones morales y/o religiosas del abogado y los códigos deontológicos y, finalmente, indicando las consecuencias jurídicas de la eventual objeción de conciencia del abogado, y posibles soluciones a los casos de conflicto.

Es muy difícil llegar a conclusiones tasadas en materia de ética, con lo que necesariamente debemos convenir en que las conclusiones del presente trabajo queden abiertas. Consideremos, verbigracia, la moral de la Iglesia católica, por ser la confesión tradicional en la reciente Historia nuestro país y única citada en la Constitución, en su artículo 16, teniendo *"en cuenta las creencias religiosas de la sociedad española"*. Para el fiel católico, la conciencia es *"el núcleo más íntimo y el sagrario del hombre"*[94]. Consideremos también algunos de los preceptos religiosos más claros que, en nuestra tradición histórica, pueden afectar a la conducta de un abogado católico de fuertes convicciones religiosas, el Decálogo o Diez Mandamientos[95]. Muchos de ellos podrían aplicarse a los abogados cuya representación legal podría ayudar a un cliente a lograr un fin prohibido. Por ejemplo, en nuestras hipótesis anteriores, el abogado cuya observancia de una estricta confidencialidad facilita que un cliente contribuya a la muerte de otra persona podría violar el precepto "No matarás". El abogado que no impide que un cliente testifique de una manera que el abogado cree (pero no "sabe") que es falsa puede contravenir el mandamiento de que "No levantarás falso testimonio". Algunas afirmaciones de reclamaciones legales pueden equivaler a violar el precepto "No robarás". ¿Y qué abogado no ha representado a un cliente que ha "codiciado la casa de su prójimo (...) ni cosa alguna que sea de su prójimo"?

Estos son algunos de los mandatos religiosos más claros en la conciencia de un católico. ¿Debe el abogado que cree en ellos violar las normas profesionales que exigen confidencialidad, máximo celo y diligencia? La realidad es que incluso los credos religiosos y las máximas morales contienen ambigüedades[96]. Los mandamientos pueden o no abarcar conductas que ayuden a otro a producir el fin prohibido. El equivalente en la representación legal de no matar, no robar y no levantar falso testimonio puede no ser lo que los mandatos religiosos abordan. Para dar contenido a los mandatos, el abogado inevitablemente debe interpretarlos y conciliarlos, en su propia mente, con sus propias creencias morales y con las normas contenidas en la legislación general y los códigos profesionales.

---

[94] Videre Pablo VI, *Gaudium et Spes*, 16.

[95] Videre nota 88. Son diez leyes descritas en dos libros de la Biblia judía (Torá) y cristiana (Pentateuco): Exodo 20, y Deuteronomio 5, recogidos en el Catecismo de la Iglesia Católica (1992) https://www.vatican.va/archive/catechism_sp/index_sp.html

[96] El Catecismo de la Iglesia Católica parece indicar, sin embargo, la falta de ambigüedad en el Decálogo: *"La obligación del Decálogo [2072]. Los diez mandamientos, por expresar los deberes fundamentales del hombre hacia Dios y hacia su prójimo, revelan en su contenido primordial obligaciones graves. Son básicamente inmutables y su obligación vale siempre y en todas partes. Nadie podría dispensar de ellos. Los diez mandamientos están grabados por Dios en el corazón del ser humano"*

Los objetores de conciencia al reclutamiento militar se enfrentaron a dilemas similares a los profesionales sanitarios en la actualidad. La mayoría se basaba, al menos en parte, en una aversión religiosa y/o moral a matar, que interpretaban, en el caso de los objetores militares, como la prohibición de participar en un esfuerzo bélico, aunque ellos mismos no apretaran ningún gatillo. Los tribunales no estaban en condiciones de rebatir la interpretación de los objetores, pero tampoco aceptaban fácilmente el derecho de los objetores a hacer valer una exención del servicio militar. Las autoridades insistieron en la prueba de un compromiso preexistente con un mandato religioso específico, el derecho a probar la sinceridad de las creencias alegadas y la voluntad del objetor de respaldar sus afirmaciones (y, potencialmente, de sufrir consecuencias por ponerlas en práctica).

¿Por qué? Presumiblemente, los tribunales reconocieron tanto que la objeción de conciencia podía ser interesada como que la objeción de conciencia imponía un coste a los demás. En otras palabras, el significado del mandato religioso era claramente una cuestión de opinión. La no participación del objetor en el reclutamiento traspasaba su obligación militar al siguiente recluta elegible. Este era el fundamento de la "prestación social sustitutoria", tal y como aparece en el preámbulo de la [derogada] Ley 48/1984, de 26 de diciembre: *"[La ley aporta] garantías suficientes para asegurar que la objeción de conciencia no será utilizada, en fraude a la Constitución, como una vía de evasión del cumplimiento de los deberes constitucionales (...) Exención, que para evitar discriminaciones entre los ciudadanos por razón de sus creencias e ideologías, y de acuerdo con lo previsto en la Constitución apareja el cumplimiento de una prestación social sustitutoria".* Además, si el sistema hubiera sido más generoso a la hora de respetar las exenciones de los objetores, éstos, como grupo, podrían haber socavado la capacidad del país para dotarse de personal para la guerra.

Sin embargo, lo que es más importante, los obstáculos legales a las solicitudes de objeción de conciencia sirvieron para identificar a los objetores que se preocupaban lo suficiente por sus creencias como para justificar un compromiso por parte del sistema legal. Consideremos ahora al abogado que reclama el derecho a violar los códigos profesionales basándose en creencias religiosas equivalentes. Su reivindicación también puede ser interesada: puede liberar al abogado de una obligación desagradable que la mayoría de los abogados deben cumplir. Su ejercicio, también, puede imponer un coste a otros, incluidos los clientes que tienen derecho a la autonomía personal, y los clientes de otros abogados, a los que se les ha prometido el derecho a sentirse seguros de que sus abogados son leales y, en especial, que van a mantener el secreto de las confidencias. Si bien el abogado con fuertes convicciones religiosas y/o morales tiene cierto derecho a ser respetado en su conciencia por el sistema jurídico, el sistema jurídico también tiene interés en controlar las pretensiones ilimitadas.

La deontología profesional es predominantemente un sistema de autorregulación. Si el sistema ha de poner a prueba la sinceridad y el compromiso del abogado, debe depender del autoexamen de éste. Además, en la medida en que el sistema espera limitar las reclamaciones a aquellas dignas de acomodación, debe insistir en escenarios que incluyan la capacidad del sistema disciplinario para imponer consecuencias.

El paralelismo con la objeción de conciencia del reclutamiento militar sugiere, por tanto, que los abogados deben mostrar cierta honestidad a la hora de afrontar el conflicto entre la convicción religiosa y/o moral y las normas profesionales. Deben reconocer que los preceptos religiosos y éticos, como los Diez Mandamientos en nuestro ejemplo, suelen estar sujetos a interpretación. Una excesiva disposición a utilizar los criterios personales para eludir las normas profesionales tiene costes sistémicos y de otro tipo.

Estas observaciones, a su vez, sugieren que los abogados que consideren la objeción de conciencia deben comprometerse seriamente a autoexamen, equivalente al sondeo que los tribunales y los órganos administrativos emprendieron con respecto a los objetores al servicio militar, a los periodistas y a los profesionales sanitarios. La "intensidad" moral de la convicción es la unidad de medida en esta "tabla de Carnéades"[97], para poder incardinar el grado de eximente del eventual estado de necesidad.

El respeto por el lugar que el papel del abogado tradicional desempeña en el funcionamiento del sistema jurídico debería exigir normalmente que el abogado adopte una postura pública. Los abogados objetores deberían obligarse a identificar un credo moral o religioso preciso que justifique apartarse del código y, quizá, su inscripción en un registro, como los médicos que objetan a la interrupción voluntaria del embarazo y la eutanasia. Sin embargo, esta manifestación anticipada y por escrito no puede prever todos los posibles casos de conciencia.

Además, un abogado que reconoce los costes de desafiar los códigos debe tomar medidas para minimizarlos. Si el abogado puede anticipar la necesidad de recurrir a la objeción de conciencia, las conversaciones previas con su cliente pueden minimizar el efecto sobre su autonomía. La desobediencia abierta, más que la encubierta, suele permitir que el sistema normativo reaccione ante la desobediencia y minimice sus efectos secundarios.

Podría decirse que, al resistirse abiertamente al código profesional, el abogado exige, en la práctica jurídica, que los reguladores reaccionen públicamente para reivindicar el sistema. El sistema puede, sin embargo, estar mejor servido si se permite a los reguladores pasar por

---

[97] Carnéades de Cirene planteó en el siglo II a.c. este dilema moral. Dos náufragos, A y B, ven una tabla en la que se puede sostener solamente uno de ellos. El náufrago A consigue llegar a la tabla primero. El náufrago B, que va a ahogarse, empuja a A lejos de la tabla y, así, hace en última instancia que A se ahogue. El náufrago B alcanza la tabla y se salva, gracias a un equipo de rescate. El apólogo plantea la cuestión de si el náufrago B puede ser inculpado de homicidio, porque si B tenía que matar a A para vivir, podría ser interpretado como un caso de defensa propia.

alto la conducta, aceptar el resultado beneficioso que el abogado ha producido, y evitar llamar la atención sobre las normas deontológicas que, usualmente, no son puestas en entredicho, salvo por vía de excepción. ¿Cómo conciliar esta posibilidad con la noción más general, expuesta anteriormente, de que el abogado normalmente debería hacer público su desafío a los códigos profesionales? Una de las dificultades de permitir que el abogado, individualmente y sin hacer partícipe a nadie, juzgue si los beneficios del secreto de conciencia superan los costes de la publicidad de conciencia, en un caso concreto, es que el abogado, casi siempre, tendrá incentivos personales para concluir que el secreto de conciencia, y la reserva mental, es mejor praxis que la oposición frontal a la moral de rol. Sin embargo, la conclusión necesaria que se debe hacer de los análisis previos es establecer una fuerte presunción a favor de la rebeldía pública, y animar a los abogados que opten por lo contrario a realizar un examen de conciencia significativo y específico sobre su propia buena fe, al decidir ocultar una conducta desafiante. La "intensidad" moral presenta muchas variables y hay instrumentos psicométricos para evaluarla[98]. Sin duda, si la profesión quiere una mayor relevancia funcional de las Comisiones Deontológicas de los Colegios para, en lugar de actuar como órgano disciplinario *ex post,* actuar como órgano acompañante *ex ante*, en la toma de decisión moral del abogado, estos instrumentos psicométricos, junto con los profesionales del ámbito de la Psicología moral, son herramientas que deben estar a disposición tanto del profesional individual como de la profesión, de forma colegiada. En la nota 19 se explicaba el funcionamiento del Comité de Bioética de España ("*órgano colegiado, independiente y de carácter consultivo, que desarrollará sus funciones, con plena transparencia, sobre materias relacionadas con las implicaciones éticas y sociales de la Biomedicina y Ciencias de la Salud*"). La independencia, el carácter consultivo, la plena transparencia y la plurisdisciplinariedad de sus miembros son notas que debieran ser características de todas las Comisiones Deontológicas, no solo de las de Biomedicina y Ciencias de la Salud. ¿Acaso las Ciencias Jurídicas no tienen implicaciones éticas y sociales?

La historia de la objeción de conciencia en España no ofrece ninguna orientación a los abogados que tratan de identificar las interpretaciones adecuadas de creencias profundamente arraigadas. Pero sí ofrece algunas lecciones sobre el procedimiento para poner en práctica esas creencias. La afirmación más justificable del derecho a apartarse del papel que a uno le corresponde legalmente suele incluir la adopción de una postura ética pública.

---

[98] Ya en 1867, Thomas (Lord) Kelvin, en sus Elementos de Filosofía Natural, señalaba la relación entre metría y ciencia: *"To measure is to know"*. *"If you cannot measure it, you cannot improve it.* [Medir es conocer. Si no puedes medirlo, no puedes mejorarlo]*"*. El abogado austríaco-estadounidense Peter Drucker introduciría, un siglo más tarde, el principio en las Ciencias Sociales. Videre Jones (1991) y Kohlberg (1976) para la psicometría de la intensidad moral. En el mismo sentido, y dentro de la teoría del "acomodamiento razonable", Maclure y Taylor (2010, p. 101) proponían: *"Cuanto más vinculada esté una creencia al sentimiento de integridad moral de un individuo (...) mayor tiene que ser la protección jurídica de la que se beneficie"*.

"EL CONFLICTO ENTRE DEONTOLOGÍA Y CONCIENCIA DEL ABOGADO"

Si el abogado espera que el sistema acepte sus acciones (una expectativa que es inherente a la aplicación secreta de la objeción de conciencia, y la restricción mental amplia) actúa de la forma más honesta cuando da al sistema la opción de adaptarse o no a su punto de vista. El sistema (el Colegio) puede actuar de forma punitiva, negativa, cuando el colegiado no ha logrado "acomodar" su ética a las normas profesionales, o de forma preventiva, positiva, ayudando (acompañando, orientando) al colegiado en su conflicto moral o deontológico. La independencia del abogado, la cual le permite formular la renuncia, éticamente, a la defensa encomendada (incluso en el turno de oficio penal, mediante la formulación de excusa, por causa justa) requiere una respuesta deontológica igualmente independiente de su Colegio, el cual ampare (ayude, acompañe y oriente) al letrado en su toma de decisión, ante la alegación de "motivo personal y justo". Este sería el desarrollo normativo adecuado del artículo 31 de la Ley de Asistencia Jurídica Gratuita, y el desarrollo funcional adecuado de las Comisiones deontológicas de los Colegios de Abogados, más allá del estricto ejercicio de la función disciplinaria, que viene otorgada actualmente por los estatutos colegiales.

De modo conciso, y según hemos examinado hasta aquí:

1.   *Debemos admitir con carácter general la objeción de conciencia moral y/o religiosa del abogado, incluso contra las normas deontológicas.*

2.   *Precisamente, el hecho de que sea un derecho de carácter constitucional, y a semejanza de la regulación histórica de la objeción de conciencia al servicio militar, y la actual objeción de conciencia de los profesionales sanitarios y los profesionales de la información, debiera estar positivada mediante ley orgánica, para no entrar en colisión con principios deontológicos cuyo contenido hay que integrar en los casos concretos, como la independendencia, la lealtad, la confianza y la veracidad.*

3.   *Del mismo modo, es absolutamente necesaria una regulación positiva, mediante ley orgánica, del secreto profesional del abogado, que recoja todas las excepciones admitidas comúnmente por la doctrina, más allá de las excepciones a la antijuricidad del tipo penal de revelación de secretos.*

4.   *En nuestra humilde opinión, son los Colegios, a través de la labor técnica y pluridisciplinar de la Comisiones Deontológicas, las que debieran facilitar a los colegiados el ejercicio de este derecho de objeción de conciencia, orientándolos en el proceso de toma de decisión moral, ante la eventual alegación de "causa justa" que entra en conflicto con las normas dentológicas.*

"En el Abogado la rectitud de conciencia es mil veces más importante que el tesoro de los conocimientos. primero es ser bueno; Luego, firme; después, ser prudente; la ilustración viene en cuarto lugar; la pericia, en el último" (Ossorio, 1920).

Referencias

Bibliografía

1- Aguado Hernández, Juli Antoni. *La desobediencia civil y la democracia. el caso de la insumisión del movimiento antimilitarista.* Universitat de València, 2011.

2- Ancos Franco, Helena. "Función social de la Abogacía y las normas deontológicas", en Vila Ramos (coord.) *Deontología profesional.* Dykinson, Madrid, 2013.

3- Andino López, J. Antonio
   a. (2014). *El secreto profesional del abogado en el proceso civil.* Ediciones Bosch, Barcelona.
   b. (2021). *La nueva configuración del secreto profesional del abogado.* Ediciones Bosch, Barcelona.

4- Anzola Rodríguez, Sergio Iván. *El malestar en la profesión jurídica.* Universidad de los Andes, Bogotá, 2019.

5- Arjona Sebastiá, César. "Crítica bibliográfica a *WENDEL, Bradley: Lawyers and Fidelity to Law".* Anuario de Filosofía derecho, 2013 (XXiX), pp. 517-557.

6- Astone, Francesco. *Venire contra factum proprium.* Jovene, Nápoles, 2006.

7- Ayllón Santiago, Héctor S. *Deontología práctica para profesionales de la Criminología.* Editorial Reus, Madrid, 2017.

8- Bentham, Jeremy. *Deontología o ciencia de la moral.* Mallén y sobrinos, Valencia, 1836.

9- Betancor, V., Leyens J-P., Rodríguez, A. y Quiles, M. "Atribución diferencial al endogrupo y al exogrupo de las dimensiones de moralidad y eficacia: un indicador de favoritismo endogrupal". *Psicothema,* 15(3), 2003, pp. 407-413.

10- Blanco Piñán, Salvador. *Regalo al abogado. Para cumplirla. Pío XII a los hombres de leyes.* Ediciones FAX, Madrid, 1961.

11- Brock, Dan. "Paternalism and Promoting the Good", en *Rolf Sartorius paternalism.* University of Minnesota Press, Minneapolis, 1983.

12- Bueno Ochoa, Luis. *Ética de la abogacía.* Dykinson, Madrid, 2021.

13- Camarasa Carrillo, José. *Servicio Militar y objeción de conciencia.* Marcial Pons, Madrid, 1993.

14- Cañón Ortegón, Leonardo. *El derecho a la protección a la salud.* Universidad Externado de Colombia, Bogotá, 2022.

15- Cerezo Mir, J.
   a. (1995) "La posición de la justificación y de la exculpación en la teoría del delito desde la perspectiva española", *Justificación y exculpación en Derecho penal.* Editado por Eser, Gimbernat, Perron, Universidad Complutense, Madrid.

      b. (1998) *Curso de Derecho Penal Español. Parte General II. Teoría jurídica del delito*, 6ª edición. Tecnos, Madrid, pp. 17-32.

16- Cobo del Rosal, M. y Vives Antón, T.S. *Derecho penal. Parte general.* 5ª edición. Tirant lo Blanch, Valencia, 1999.

17- Cuerda Arnau, M. Luisa. *El miedo insuperable. Su delimitación frente al estado de necesidad.* Tirant lo Blanch, Valencia, 1997.

18- Davis, H. *Moral and pastoral theology*, vol. 2. Sheed and Ward, Londres 5ª ed., 1946, pp. 413-416.

19- De la Torre Díaz, Javier
      a. (2000) *Etica y Deontología jurídica.* Dykinson, Madrid.
      b. (2008). *Deontología de abogados, jueces y fiscales.* Universidad Pontificia de Comillas, Madrid.

20- Del Canto González, Fernando. *Abogacía crítica. Manifiesto en tiempo de crisis.* Aranzadi/Civitas, Pamplona, 2020.

21- Delgado-Alemany, Rafael; Blanco-González, Alicia; Revilla-Camacho, María-Ángeles. "Códigos deontológicos: El rol de los colegios profesionales y las profesiones reguladas". *Revista Espacios.* Vol. 41 (39), 2020, SSN: 0798-1015.

22- Donker, Han; Poff, Deborah; Zahir, Saif. "Corporate Values, Codes of Ethics, and Firm Performance: A Look at the Canadian Context". *Journal of Business Ethics,* Vol. 82, No. 3 (Oct. 2008), pp. 527-537. Ed. Springer, Nueva York.

23- Drake, Alfonso. "Restricción mental y mentira". *Estudios eclesiásticos.* 72, 1997, pp. 341-345. Universidad Pontificia de Comillas, Madrid.

24- Dworkin, Gerald. "Paternalism", en *Rolf Sartorius paternalism.* University of Minnesota Press, Minneapolis, 1983.

25- Dueñas Ruiz, O.J. *Lecciones de Hermenéutica jurídica.* Centro Editorial Universidad del Rosario, Bogotá, 2004.

26- Elías, Norbert. *El proceso de la civilización. Investigaciones sociogenéticas y psicogenéticas.* Fondo de Cultura Económica, Ciudad de México, 2021.

27- Escribano Molina, Albino. *Deontología de la abogacía.* Tirant lo Blanch, Valencia, 2021.

28- Espinosa Breen, P., Clemente Díaz, M. L*a mente criminal.: Teorías explicativas del delito desde la Psicología Jurídica.* Editorial Dykinson, Madrid, 2011.

29- Fernández León, Óscar. *La estrategia del abogado en juicio.* Thomson Reuters Aranzadi, Pamplona, 2022.

30- Fotion, N. (1979). "Paternalism". *Etichs.* Vol. 89, núm. 2, 191-198, University of Chicago.

31- Gan Bustos, F., Triginé i Prats, J. *La evaluación del desempeño individual.* Editorial Díaz de Santos, Madrid, 2013.

32- García-Cuevas, Elena. *Ética del jurista y ética social.* Dykinson; Madrid, 2022.

33- Garzón Valdés, E. "¿Es éticamente justificable el paternalismo jurídico?". *Doxa. Cuadernos De Filosofía Del Derecho,* (5), 155–173, 1988 (https://doi.org/10.14198/DOXA1988.5.08)

34- Gillers, Stephen. *Regulation of lawyers. Problems of Law and Ethics*. Edición 3ª (1992) y 5ª (1998). Aspen, Nueva York.

35- Gómez Pérez, Rafael. *Deontología jurídica*. Pamplona, EUNSA, 2021.

36- González Carvajal, J. *Valoración del comportamiento de las partes en el proceso*. Editorial Rvjl, Caracas, 2019.

37- Gordillo, A. *Tratado de derecho administrativo: El acto administrativo*. Fundación de derecho administrativo, Buenos Aires, 2007.

38- Hebblethwaite, Peter. *Paul VI: The First Modern Pope*. Paulist Press, Nueva York, 1993.

39- Hierro, Liborio. "¿Se puede pleitear? Platón, Garzón y la deontología de los abogados". *Doxa. Cuadernos de Filosofía del Derecho,* 30, 2007. Universidad de Alicante.

40- Hobson, Eter. "Another look at paternalism". *Journal of Applied Philosophy*. Vol. 1, núm. 2, 199-210. Editorial Wiley, Hoboken, New Jersey, 1984.

41- Husak, Douglas N. "Paternalism and Autonomy". *Philosophy and Public Affairs,* vol. 10, núm 1, 27-46. Editorial Wiley, Hoboken, New Jersey, 1981.

42- Jakobs, Günther. *La competencia por organización en el delito omisivo*. Universidad Externado, Bogotá, 2001.

43- Jericó Ojer, Leticia. *El conflicto de conciencia ante el derecho penal*. Universidad Pública de Navarra, Pamplona, 2007.

44- Jiménez Segado, C. *La responsabilidad penal en el ejercicio de la abogacía*. Dykinson, Madrid, 2022.

45- Jones, T. M. "Ethical Decision Making by Individuals in Organizations: An Issue-Contingent Model". *The Academy of Management Review*, 16(2), 1991, 366–395. (https://doi.org/10.2307/258867)

46- Kelvin, Thomas. *Elementos de Filosofía Natural,* 1867 [Edición en inglés a cargo de Peter Guthrie, Ed. Cosimo Classics, Nueva York, 2007].

47- Kohlberg, Lawrence "Moral stages and moralization: The cognitive-developmental approach". In Lickona, T. (ed.). *Moral Development and Behavior: Theory, Research and Social Issues*. Holt, NY: Rinehart and Winston, Holt, NY, 1976.

48- Laguna, Emilio. *Puntos fundamentals para la redacción del Código de Ética profesional de la abogacía*. Colegio de Abogados de Valencia, 1948.

49- Leyra Curiá, Santiago. *Participación política y derecho a la objeción de conciencia al aborto*. Aranzadi/Civitas, Pamplona, 2021.

50- Ligorio, Alphonsi M. *Theologia Moralis*. Vol. I, 1905. Edición crítica anastática a cargo de Leonard Gaudé. Tipografía Vaticana, Roma, 1953.

51- López Barja de Quiroga, Jacobo. *El principio non bis in idem*. Dykinson, Madrid, 2004.

52- Luban, David.
   a. (1986). "The Lysistratian Prerogative: A response to Stephen Pepper", en *American Bar Foundation Research Journal*. Chicago.

  b. (2008). "The Inevitability of Conscience". *Cornell Law Review*, vol. 93, pp. 1437-1466. Universidad de Cornell, Nueva York.

  c. (2018) "El paternalismo y la profesión jurídica", *Revista Argentina de Teoría Jurídica* 19 1, Universidad Torcuato Di Tella, Buenos Aires.

53- Maclure, J. y Taylor Ch. *Laicidad y libertad de conciencia.* Alianza, Madrid, 2011.

54- Martí Sánchez, J. M., García-Pardo Gómez, D. *Sistema de Derecho Eclesiástico español: La religión ante la Ley.* Digital Reasons, Madrid, 2019.

55- Mayoral Asensio, R. "Discusión crítica de los códigos deontológicos". *Butlletí de l'Associació de Traductors i Intèrprets Jurats de Catalunya*, s.n, s.p., 2011.

56- Méndez Sordo, M. L. *El libro rojo del marketing en las firmas de abogados.* Ediciones Experiencia, El Masnou, Barcelona, 2013.

57- Menéndez Menéndez, Adolfo y Torres Fernández, Juan José. *Deontología profesional y ejercicio de la abogacía: un desafío global.* Thomson Reuters Aranzadi, Pamplona, 2019.

58- Mill, John Stuart. *On Liberty.* Hackett Publishing, Glasgow, 1978.

59- Millán Garrido, Antonio. *Objeción de conciencia al servicio militar y prestación social sustitutoria.* Tecnos, Madrid, 1990.

60- Monroe H. Freedman y Smith Abbe. *Understanding Lawyer's Ethics.* 4ª Edition. LexisNexis, Ciudad de México, 2010.

61- Monserrat Quintana, Antonio. *Derechos fundamentales en el proceso penal.* Ediciones Bosch, Barcelona, 2022.

62- Montalvo Abiol, J. Carlos. "Concepto de orden público en las democracias europeas" *RJUAM*, nº 22, II, pp. 197-222. Universidad Autónoma de Madrid, 2010.

63- Morón Pérez, Carmen. *El secreto profesional del abogado ante la Administración Tributaria.* Dykinson, Madrid, 2021.

64- Muise, Robert J. "Professional Responsibility for Catholic Lawyers: The Judgment of Conscience". *Notre Dame Lawyer* REV 771, pp. 789-94. University of Notre Dame, Indiana, 1996.

65- Murphy, Jeffrie G. "Incompetence and Paternalism". *ARSP.* LX, núm 4, 465-486, Steiner-Verlag, Stuttgart, 1974.

66- Oliver Araujo, Joan. *La objeción de conciencia al Servicio Militar.* Universitat de les Illes Balears, Palma de Mallorca, 1993.

67- Oro Tapia, Luis R. (2010). *Max Weber: la política y los políticos. Una mirada desde la periferia.* RIL Editores.

68- Ossorio y Gallardo, Ángel "El alma de la toga". *Revista de ciencias jurídicas y sociales.* Vol. 3, Nº. 10, pp. 298-302. Ed. Juan Pueyo, Madrid, 1920.

69- Pablo VI *Gaudium et Spes. Constitución pastoral del Concilio Vaticano II.* 1965 (https://www.vatican.va/archive/hist_councils/ii_vatican_council/documents/vat-ii_const_19651207_gaudium-et-spes_sp.html)

70- Palomar Olmeda, Alberto.

  a. (2020) *Comentarios al código deontológico de la Abogacía.* Editorial Sepin, Las Rozas, Madrid.

b. (2021) *Practicum ejercicio de la Abogacía 2022.* Thomson Reuters, Pamplona.

71- Peláez Albendea, F. Javier. *La objeción de conciencia al servicio militar en el derecho positivo español.* Ministerio de Justicia, Madrid, 1988.

72- Pepper, S.

a. (1986) "The Lawyer's Amoral Ethical Role: A Defense, a Problem, and Some Possibilities". *American Bar Foundation Research Journal,* 613. Chicago.

b. (1995) "Counseling at the Limits of the Law: An Exercise in the Jurisprudence and Ethics of Lawyering". *The Yale Law Journal.* Vol. 104. Yale University, New Haven.

73- Pérez del Valle, Carlos *Conciencia y derecho penal. Límites a la eficacia del Derecho penal en el comportamiento de conciencia.* Comares, Granada, 1994.

74- Pérez Martín, A. J. *Procedimiento contencioso. Separación, divorcio y nulidad. Uniones de hecho. Otros procedimientos contenciosos.* Valladolid, LEX NOVA, 2011.

75- Piñar López, Blas. *Boletín Oficial de las Cortes Españolas. Diario de Sesiones de Comisiones. Comisión de Defensa nacional,* 222. 2/07/1971

76- Regan, Donald H. "Paternalism, Freedom, Identity and Commitment", en *Rolf Sartorius paternalism.* University of Minnesota Press, Minneapolis, 1983.

77- Ríos, Piero. *El razonamiento jurídico consecuencialista Un estudio sobre la teoría del razonamiento jurídico de Neil MacCormick.* Palestra Editores, Lima, 2021.

78- Roca, Juan *¿Qué son los objetores de conciencia?* Editorial la Gaya Ciencia, Barcelona, 1977.

79- Salmans, José. *Deonotología jurídica.* El mensajero del Corazón de Jesús, Bilbao, 1947.

80- Sánchez Barroso, Borja. "Reescribir la Constitución", *Paraula,* 1697, abril 2023. Arzobispado de Valencia.

81- Segura Munguía, S. *Frases y expresiones latinas de uso actual.* Universidad de Deusto, Bilbao, 2008.

82- Shaffer, Thomas L. "The Practice of Law as Moral Discourse", *Notre Dame Lawyer* REV 231, p. 55. University of Notre Dame, Indiana, 1979.

83- Tappin, B. M., & McKay, R. T. (2017). "The Illusion of Moral Superiority". *Social Psychological and Personality Science,* 8(6), 623–631. (https://doi.org/10.1177/1948550616673878)

84- Tarodo Soria, Salvador. *Minorías, identidades abiertas y libertad de conciencia.* En *Derecho y Minorías.* Colección Gregorio Peces Barba. Dykinson, Madrid, 2015.

85- Terragni, M. A. *Omisión impropia y posición de garante.* Argentina: Universidad Nacional del Litoral, Santa Fe, 1997.

86- Tomás-Valiente Lanuza, Carmen. *La eutanasia a debate. Primeras reflexiones sobre la Ley Orgánica de Regulación de la Eutanasia.* Marcial Pons, Madrid, 2021.

87- Tuzet, Giovanni. *Filosofía de la prueba jurídica.* Madrid. Marcial Pons, Madrid, 2021.

88- Vázquez Guerrero, Francisco D. *Ética, deontología y abogados. Cuestiones generales y situaciones concretas.* EUNSA, Pamplona, 1997.

89- Vila Ramos, Beatriz. *Deontología profesional.* Dykinson, Madrid, 2013.

90- Viladrich, P. J. "Los principios informadores del Derecho eclesiástico del Estado", en *Derecho eclesiástico del Estado español*, 2ª ed., EUNSA, Pamplona 1983, pp. 209-214.

91- Weber, Max. "Politik als Beruf". *Gesammelte Politische Schriften.* Mohr, Tübingen, 1958. ("La política como vocación", en *Escritos Políticos II*, edición a cargo de José Aricó. Folios Ediciones, Ciudad de México, 1982).

92- Winter Bachmaier, Lorena. *Investigación penal, secreto profesional del abogado, empresa nuevas tecnologías. retos y soluciones jurisprudenciales.* Aranzadi, Pamplona, 2022.

93- Wikler, Daniel. "Paternalism and the Mildly Retarded", en *Rolf Sartorius paternalism.* University of Minnesota Press, Minneapolis, 1983.

Legislación (orden cronológico)

1. Real Decreto de 14 de septiembre de 1882, por el que se aprueba la Ley de Enjuiciamiento Criminal. https://www.boe.es/eli/es/rd/1882/09/14/(1)/con
   Artículo 767

2. Real Decreto de 24 de julio de 1889, por el que se publica el Código Civil. https://www.boe.es/eli/es/rd/1889/07/24/(1)/con
   Artículos 1, 3, 6, 12, 16, 21, 594, 1255, 1281, 1719 II

3. Resolución 217 A (III). Asamblea General de las Naciones Unidas. Declaración Universal de los Derechos Humanos. París, 10.XII. 1948
   Artículo 18
   https://www.un.org/es/about-us/universal-declaration-of-human-rights

4. Convenio para la Protección de los Derechos Humanos y de las Libertades Fundamentales. Roma, 4.XI.1950.
   Artículos 6.3 c y 25
   https://www.echr.coe.int/documents/convention_spa.pdf

5. Asamblea General en su Resolución 2200 A (XXI). Asamblea General de las Naciones Unidas. de 16 de diciembre de 1966 Pacto Internacional de Derechos Civiles y Políticos. 16.XII.1966
   Artículos 8 y 14.3 d
   https://www.ohchr.org/es/instruments-mechanisms/instruments/international-covenant-civil-and-political-rights

6. Real Decreto 3011/1976, de 23 de diciembre, sobre la objeción de conciencia de carácter religioso al servicio militar. [Disposición derogada]
   https://www.boe.es/buscar/doc.php?id=BOE-A-1977-169

7. Constitución Española (1978)
   Artículos 10.2, 16, 17.3, 20.1, 24.2, 30.2, 41, 43, 53.2
8. Ley Orgánica 7/1980, de 5 de julio, de Libertad Religiosa.
   Artículos 2.1 y 3.1
   https://www.boe.es/eli/es/lo/1980/07/05/7
9. Real Decreto 2090/1982, de 24 de julio, por el que se aprueba el Estatuto General de la Abogacía. [Disposición derogada]
   https://www.boe.es/eli/es/rd/1982/07/24/2090
10. Ley 48/1984, de 26 de diciembre, reguladora de la Objeción de Conciencia y de la Prestación Social Sustitutoria. [Disposición derogada]
    Artículo 1.2
    https://www.boe.es/eli/es/rd/1982/07/24/2090
11. Real Decreto 551/1985, de 25 de abril, por el que se aprueba el Reglamento del Consejo Nacional de Objeción de Conciencia y del procedimiento para el reconocimiento de la condición de objetor de conciencia. [Disposición derogada]
    https://www.boe.es/eli/es/rd/1985/04/24/551
12. Ley Orgánica 6/1985, de 1 de julio, del Poder Judicial.
    Artículos 542 y 553.4
    https://www.boe.es/eli/es/lo/1985/07/01/6/con
13. Ley 34/1988, de 11 de noviembre, General de Publicidad.
    Artículos 2.1 y 3.1
    https://www.boe.es/eli/es/l/1988/11/11/34/con
14. Ley Orgánica 10/1995, de 23 de noviembre, del Código Penal.
    Artículos 20.5, 171.2, 199.2, 250.1, 250.7, 284.2, 307 ter, 325, 549
    https://www.boe.es/eli/es/lo/1995/11/23/10/con
15. Ley 1/1996, de 10 de enero, de asistencia jurídica gratuita.
    Artículos 29 y 31
    https://www.boe.es/eli/es/l/1996/01/10/1/con
16. Ley Orgánica 2/1997, de 19 de junio, reguladora de la cláusula de conciencia de los profesionales de la información.
    https://www.boe.es/eli/es/lo/1997/06/19/2/con
17. Ley 8/1998, de 16 de junio, de Ordenación Farmacéutica de la Comunidad Autónoma de La Rioja.
    https://www.boe.es/eli/es-ri/l/1998/06/16/8
18. Ley 22/1998, de 6 de julio, reguladora de la Objeción de Conciencia y de la Prestación Social Sustitutoria.
    https://www.boe.es/eli/es/l/1998/07/06/22
19. Ley 17/1999, de 18 de mayo, de Régimen de Personal de las Fuerzas Armadas.
    https://www.boe.es/eli/es/l/1999/05/18/17
20. Real Decreto 658/2001, de 22 de junio, por el que se aprueba el Estatuto General de la Abogacía Española. [Disposición derogada]
    Artículo 42

https://www.boe.es/eli/es/rd/2001/06/22/658/con

21. Real Decreto Legislativo 1/2001, de 20 de julio, por el que se aprueba el texto refundido de la Ley de Aguas.
https://www.boe.es/eli/es/rdlg/2001/07/20/1/con

22. Ley 7/2001, de 19 de diciembre, de Ordenación Farmacéutica de Cantabria.
https://www.boe.es/eli/es-cb/l/2001/12/19/7

23. Ley 41/2002, de 14 de noviembre, básica reguladora de la autonomía del paciente y de derechos y obligaciones en materia de información y documentación clínica.
Artículo 5.1
https://www.boe.es/eli/es/l/2002/11/14/41/con

24. Ley 5/2005, de 27 de junio, de Ordenación del Servicio Farmacéutico de Castilla-La Mancha.
https://www.boe.es/eli/es-cm/l/2005/06/27/5

25. Orden de 30/12/2005, de la Consejería de Justicia y Administración Pública de la Junta de Andalucía, por la que se declara la adecuación a la legalidad de los Estatutos del Colegio Oficial de Farmacéuticos de Sevilla.
https://www.juntadeandalucia.es/boja/2006/20/19

26. Real Decreto 1331/2006, de 17 de noviembre, por el que se regula la relación laboral de carácter especial de los abogados que prestan servicios en despachos de abogados, individuales o colectivos.
Artículo 24
https://www.boe.es/eli/es/rd/2006/11/17/1331/con

27. Ley 14/2007, de 3 de julio, de Investigación Biomédica.
https://www.boe.es/eli/es/l/2007/07/03/14/con

28. Ley 26/2007, de 23 de octubre, de Responsabilidad Medioambiental.
https://www.boe.es/buscar/pdf/2007/BOE-A-2007-18475-consolidado.pdf

29. Ley Orgánica 2/2010, de 3 de marzo, de salud sexual y reproductiva y de la interrupción voluntaria del embarazo.
Artículo 19 bis (redacción añadida de la L.O. 1/2023, de 28 de febrero)
https://www.boe.es/eli/es/lo/2010/03/03/2/con

30. Real Decreto Legislativo 1/2010, de 2 de julio, por el que se aprueba el texto refundido de la Ley de Sociedades de Capital.
Artículo 205.1
https://www.boe.es/eli/es/rdlg/2010/07/02/1/con

31. Ley 10/2020, de 29 de diciembre, por la que se modifica la Ley 58/2003, de 17 de diciembre, General Tributaria.
https://www.boe.es/eli/es/l/2020/12/29/10

32. Real Decreto Legislativo 8/2015, de 30 de octubre, por el que se aprueba el texto refundido de la Ley General de la Seguridad Social.
Artículo 42
https://www.boe.es/eli/es/rdlg/2015/10/30/8/con

33. Ley 3/2019, de 2 de julio, de ordenación farmacéutica de Galicia.

https://www.boe.es/eli/es-ga/l/2019/07/02/3

34. Código Deontológico de la Abogacía española, aprobado por el Pleno del Consejo General de la Abogacía española el 6 de marzo de 2019
    Artículos 1, 2, 5, 12, 13.3, 20
    https://www.abogacia.es/wp-content/uploads/2019/05/Codigo-Deontologico-2019.pdf

35. Real Decreto 135/2021, de 2 de marzo, por el que se aprueba el Estatuto General de la Abogacía Española.
    Artículos 6, 21, 26, 47, 50
    https://www.boe.es/eli/es/rd/2021/03/02/135/con

36. Ley Orgánica 3/2021, de 24 de marzo, de regulación de la eutanasia.
    Artículo 16
    https://www.boe.es/eli/es/lo/2021/03/24/3

Jurisprudencia Tribunal Constitucional (orden cronológico)

1. Sala Primera. Sentencia 15/1982, de 23 de abril (BOE núm. 118, de 18 de mayo de 1982).

2. Pleno. Recurso de inconstitucionalidad número 68/1982. Sentencia 24/1982, de 13 de mayo (BOE núm. 137, de 9 de junio de 1982).

3. Sala Segunda. Sentencia 19/1985, de 13 de febrero (B.O.E. de 5 de marzo de 1985).

4. Pleno. Recurso previo de inconstitucionalidad número 800/1983. Sentencia número 53/1985, de 11 de abril (BOE núm. 119, de 18 de mayo de 1985).

5. Pleno. Sentencia 160/1987, de 27 de octubre (BOE núm. 271, de 12 de noviembre de 1987).

6. Pleno. Sentencia 161/1987, de 27 de octubre (BOE núm. 271, de 12 de noviembre de 1987).

7. Pleno. Cuestión de inconstitucionalidad número 286/1984. Sentencia número 196/1987, de 11 de diciembre, con dos votos particulares (BOE núm. 7, de 8 de enero de 1988).

8. Sección Tercera. Auto 71/1993, de 1 de marzo de 1993. Recurso de amparo 1.883/1992. [ECLI:ES:TC:1993:71ª].

9. Sala Primera. Sentencia 321/1994, de 28 de noviembre (BOE núm. 310, de 28 de diciembre de 1994).

10. Sala Primera. Recursos de amparo acumulados núms. 1.885/93 y 1.887/93. Sentencia 18/1995, de 24 de enero (BOE núm. 50, de 28 de febrero de 1995).

11. Pleno. Sentencia 55/1996, de 28 de marzo (BOE núm. 102, de 27 de abril de 1996)

12. Sala Segunda. Sentencia 162/1999, de 27 de septiembre de 1999 (BOE núm. núm. 263, de 03 de noviembre de 1999).

13. Pleno. Sentencia 46/2001, de 15 de febrero (BOE núm. 65, de 16 de marzo de 2001).

14. Sala Segunda. Sentencia 22/2003, de 10 de febrero (BOE núm. 55, de 5 de marzo de 2003).
15. Pleno. Sentencia 151/2014, de 25 de septiembre (BOE núm. 261 de 28 de octubre de 2014)
16. Pleno. Sentencia 145/2015, de 25 de junio (BOE núm. 182, de 31 de julio de 2015)

Resto de jurisprudencia (orden cronológico)

1. Tribunal Europeo de Derechos Humanos. Caso Artico v. Italia. Sentencia núm. 6694/74 [ECLI:CE:ECHR:1980:0513JUD000669474]. Fecha: 13/05/1980.
2. Tribunal Supremo. Sala 3ª. Recurso de casación nº 6154/2002. Sentencia 2505/2005, de 23 de abril. [ECLI:ES:TS:2005:2505]
3. Tribunal Supremo. Sala 2ª. Recurso de casación nº 1888/2005. Sentencia 985/2006, de 17 de octubre [ECLI:ES:TS:2006:6311]
4. Tribunal Supremo. Sala 2ª. Recurso de casación nº 1352/2007. Sentencia 302/2008, de 27 de mayo [ECLI:ES:TS:2008:2451]
5. Tribunal de Justicia de la Unión Europea. Asunto C-550/07 P. Akzo Nobel Chemicals Ltd y Akcros Chemicals Ltd contra Comisión Europea C-550/07 Sentencia (Gran Sala) de 14 de septiembre de 2010, par. 40-41 [ECLI:EU:C:2010:512]
6. Tribunal Supremo. Sala 2ª. Recurso de casación nº 2216/2011. Sentencia 974/2012, de 5 de diciembre [ECLI:ES:TS:2012:8701]
7. Tribunal Superior de Justicia de Andalucía. Sala de lo Contencioso Administrativo. Recurso de apelaciónº 749/12. Sentencia 1171/2013, de 27 marzo. [Roj: STSJ AND 4483/2013]
8. Audiencia Provincial de las Palmas de Gran Canaria. Recurso de apelación 121/2013. Sentencia 117/2013, de 10 de junio [ECLI:ES:APGC:2013:1718]
9. Tribunal Supremo. Sala 1ª. Recurso de casación 2924/2018. Sentencia 375/2021 de 1 de junio [ES:TS:2021:2254]
10. Tribunal Supremo Sala 2ª. Recurso de casación nº 10583/2021. Sentencia 33/2022, de 19 de enero. [Roj: STS 158/2022]
11. Tribunal Supremo Sala 2ª. Recurso de casación nº 10105/2022. Sentencia STS 920/2022, de 24 de noviembre. [Roj: STS 4349/2022]

Webgrafía

1. Boletín Oficial del Estado. Biblioteca Jurídica Digital. https://www.boe.es/eli/es/l/2007/07/03/14/con
2. Catecismo de la Iglesia Católica (1992). https://www.vatican.va/archive/catechism_sp/index_sp.html

3. Clarin. com. (27/06/2022). Aborto en Estados Unidos: los evangelistas están eufóricos. https://www.clarin.com/mundo/aborto-unidos-evangelistas-euforicos_0_V8XDxUnNUF.html

4. Comité de Bioética de España (13/10/2011). *Opinión del comité de bioética de España sobre la objeción de conciencia en sanidad.* http://assets.comitedebioetica.es/files/documentacion/es/La%20objecion%20de%20conciencia%20en%20sanidad.pdf

5. Consejo de Dentistas. Organización Colegial de Dentista de España (Junio 2012). *Código español de ética y deontología dental.* https://www.codes.es/wp-content/uploads/2018/02/codigo.pdf

6. Consejo General de la Abogacía Española
   a. (1995) *Código Deontológico de la Abogacía Española* [derogado] https://reicaz.org/normaspr/deontolo/cdae1995.htm
   b. (2019) *Código Deontológico de la Abogacía Española.* https://www.abogacia.es/wp-content/uploads/2019/05/Codigo-Deontologico-2019.pdf
   b. Blog de Deontología. https://www.abogacia.es/publicaciones/blogs/blog-deontologia/

7. Consejo General del Colegio de Agentes de la Propiedad Inmobiliaria de España *Código Deontológico y de Conducta Profesional del Agente de la Propiedad Inmobiliaria* (Enero 1995)

   www.congresogestoresadministrativos.es/45_Codigo%20Deontologico%20APIS.pdf

8. Consejo General de la Arquitectura Técnica. Código Deontológico de Actuación Profesional de la Arquitectura Técnica https://www.cgate.es/pdf/CODIGO_DENTOL.pdf

9. Consejo General de Colegios Farmacéuticos (2018). Código de Deontología de la Profesión Farmacéutica. https://www.farmaceuticos.com/el-consejo-general/portal-transparencia/informacion-de-gestion-y-sobre-cumplimiento-normativo/deontologia/

10. Consejo General de Colegios de Logopedas. *Código deontológico del Consejo General de Colegios de Logopedas.* https://www.consejologopedas.com/descargas/codigo_deontologico_cgcl.pdf

11. Consejo General de Colegios de Terapeutas Ocupacionales (Octubre 2020). *Código Deontológico de Terapia Ocupacional.* https://consejoterapiaocupacional.org/wp-content/uploads/2020/10/CODIGO-DEONTOLOGICO-TERAPIA-OCUPACIONAL-CGCTO.pdf

12. Consejo General del Poder Judicial. www.poderjudicial.es

13. Constitución pastoral Gaudium et Spes sobre la iglesia en el mundo actual (1965) gaudium et spes (vatican.va)

14. Difusión jurídica y temas de actualidad, S.L www.economistjuris.es

"EL CONFLICTO ENTRE DEONTOLOGÍA Y CONCIENCIA DEL ABOGADO"

15. Lexdir Global S.L. www.diariojuridico.com

16. Tribunal Constitucional. www.tribunalconstitucional.es

17. Unión Internacional de Juristas Católicos.
https://www.cathojuris.org/la-cjcf/union-international-de-juristas-catolicos/

18. Wolters Kluwer España. www.noticiasjuridicas.com,

19. Yale Law School. *The International Military Tribunal for Germany. Contents of The Nuremberg Trials Collection*
https://avalon.law.yale.edu/subject_menus/imt.asp

www.ingramcontent.com/pod-product-compliance
Lightning Source LLC
Chambersburg PA
CBHW082226290526
45794CB00009B/3690